松本ぷりっつの
夫婦《めおと》漫才旅
ときどき3姉妹

松本ぷりっつ

はじめに

超インドア派な私・松本ぷりっつが、
ダンナと夫婦漫才なノリで街歩きデビューした
前作『ぶらりうまいもの散歩』。
東京都内を中心に、
夫婦で行きたいところへ行って遊びつつ
おいしいものを食べて、
また食べて…の食い倒れ散歩でした。

**「この調子で、あらゆる街の
おいしいものを制覇していきたい！」**
そこで超インドア派は変わらないけど、
さらなるおいしいもの、かわいいお土産、

楽しい思い出を探して、
日本各地に足を延ばしてみることに。

成長した3姉妹と
ゴールデンウィークやお正月に
お泊まり旅にでかけたり、
娘たちにお留守番を頼んで
夫婦だけで温泉旅に出かけたり、
今しかできない家族旅へ、
出発しまーす！

もくじ

ふんがーっ

第1章

日本の魅力再発見

エリア 東京都・浅草

どーも!! 松本ぷりっつと申します!!
今回から夫婦《めおと》漫才たび はじまりまーーっす!!
だんなでーーす よろしくお願いします!!
これまで「うまいもの」を求めてあちこち散歩してきたわれわれですが…
まずはダンナが大好きなだしまきたまごから♡
フワッフワ!!
うまーーっ
この開放感!!
いーなー横浜!!
やっほー
くわしくは単行本をみてね♡
さらにおもしろいもの、かわいいもの、うまいものを求めていろいろな場所をめぐっていきたいと思います!!
どこへいこうかワクワクー!!
たくさん歩いてひきつづきダイエットもがんばらねば!!
ひきつづき…って…がんばってたことある?!
ドン
じゃ さっそく!! 今回はどこへ?
今回は「日本の魅力再発見!!」をテーマに…
日本屈指の観光地、浅草にいってみよーー!!
いいねーっ

ということでいってきました!!
夏の浅草ーー!!
金龍山
観光客がいっぱいでにぎやかーー!!
うおーーバスかわいい
あのたてものオシャレ
パシャ
外国人をしのぐコーフンっぷり
パシャ
パシャ
あれが雷門ーー!!
さて浅草といえば…
人力車ーー!!
のろうのろう
人力車どうですかー
人力車のりませんか
うわー人力車のお兄さんたち多すぎて…
誰にたのめばいいかわかんないね
一番お得なのは……
人力車いかがですか?
おねがいしますっ
即答
ええっ?!
浅草で一番の老舗というこちらの「時代屋」さんにお世話になりました!
時代屋
老舗だからじゃないだろイケメンだからだろ
なんのことかね
では出発しますーー
ハーーイ
風をきって走る!!
ひゃっはーー!
時代屋

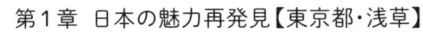

お兄さんの案内のおかげでディープな浅草を知ることができて嬉しい!!
ここは終戦後1年でできた喫茶店なんですよ~
こちらのお店を紹介してもらっている時…
ここのきんつばはオススメです!!
お店の方が「どうぞ」ってひとくち芋きんを持ってきてくださいました♡
甘くておいしーーっ
こういうあったかいサービスがいかにも下町!ってかんじでうれしい!!
たぬきがたくさん並んでいるたぬき通りも通りました。
たぬきいっぱいでかわいーー
それぞれ異なるご利益があってお腹をなでると叶うらしいです
へえーー
やせるたぬきいませんかね?!
あとは肌にハリがでるたぬき
あるいはシミがなくなる…
いないと思います
こちらは江戸の町なみを再現している伝法院通り。
うおーー この江戸テイストたまらん!!
ここに住みたいっ
歴史好きなダンナ大コーフン

ここは浅草六区通りといって
浅草を代表する大物芸人の方たちの写真がズラーっと街灯にかざられています
ホントだ
その中にひとつ写真のないものが……
捕鯨船
予約済
予約済？
ここは、看板主さんがビートたけしさんにのせていいかとお願いしたところ、「はずかしいから死んでからにして」と言われ、このようになっているんですよ
なるほどーっ
そして浅草寺に到着!! ここで人力車をおりて……
ありがとうございましたぁ!
境内を散策。
おまいりおまいりー
五重の塔も立派!!
浅草の手水舎はこんなにかっこいい!
竜王だって
私が知ってる竜王とはちがうな……
え？
しっかりおまいりしたあとは……
やせますように… 肌にハリ… そしてシミが…
ブツブツ
オイ

おとなりの浅草神社へ。
寺のとなりに神社……
なかなかカオスね
まあ神様でも仏様でもありがたいにはちがいないっ☆
おがんどこー
雑だなー
そこには「夫婦狛犬」がいます。
か…かわいい このズングリムックリ感
うんうん狛犬っぽくないねー
そっくりだね 体型
いや あんただろ
いえいえ めっそうもない
神聖な場所でくだらない言い争い。
そこから少し歩いて花やしきにもいってきましたよー
おかげさまで
このワチャワチャ感がいいよねーっ
せまい敷地にのりものつめこみすぎっ!!
ここにきたらのっておきたいローラーコースター
日本最古!! 半世紀以上走り続けているというから驚き。
大丈夫かな…
ドキドキ
別の意味でキンチョー…

このコースター、民家ギリギリを走るのがスゴイ!!
ゴーー
壁ーっ!!!
意外とスリリングで笑える!! 完成当初、のった人々には衝撃だったろうなー…。
めっちゃガタガタしてたー
キャハハハ
けっこう落ちたねーー
ちなみにこのコースター60年前に完成した時に……
よし完成したー
あれっボルトが1コあまってる!!
?
……っていう謎のボルトがあって花やしきの近くに展示してあります。
…ってオイ大丈夫なのそれ!!
その花やしきで休けいに飲んだドリンク…
おいしそーー それ何?
えーーとなんだったかなバナナ…なんとかってやつ
食券かった時よくみてなかった
バナナ?! バナナ味なの?! その色で?
ううん……これがバナナなんじゃない?

どうみてもマンゴーだけど…
なんだっけ… あ! 海賊バナナ…? いや、バナナ海賊なんとか…
うーん うーん
あとでみたら
激冷え注意報発
ラムネシャーベットシュワシュワ
マンゴートロトロ
爽やか炭酸レモン味
500円
コレだった。
さて今度は仲見世通りを歩いて駅の方へもどります。
いろんなお店があってにぎやか!!
せんすやぞうりおはしに手ぬぐいなど日本文化を象徴する雑貨がいっぱい!!
こーいうのほしいー
はく機会ないでしょ
あーコレほしい
侍
日本
いや着る機会ないだろ!!
もちろんおいしいものもいっぱい!
いもようかん~
メロンパン~
きびだんご~
今回はあげまんじゅうをゲットしました!!
ただでさえまんじゅうはカロリー高いのにそれを揚げるとは…
…つみぶかい
プル プル
そしてうまいっ!! つみぶかいっ!!
もぐもぐ
オレたちは悪くない!! コイツが悪い!!
もぐもぐ

あちこちから風鈴の音がして夏の浅草はとっても風流でした。
さておなかも減ったしおひるごはんいこーっ
わーーい
いってきたのはコチラ！浅草むぎとろさん。
ここはとろろバイキングをやっていて、千円でとろろごはんがたーっぷり食べられます♡
むぎとろバイキング　000円
お入りになる前に、こちらの壺に
支払い方法がかわいいー
食べ放題のとろろがドーン
味がしみしみのおでんや厚やきたまご、おみそ汁も食べ放題！
だしでわられたとろろ、ねばりも強くてめちゃおいしーっ
やばいいくらでも入るーっ
ずどーーっ
これはとろろバイキングじゃないっドリンクバーだっ!!
おそろしいこと言うなっ
わからんでもないが

3杯もおかわりしたー♡
大満足だねー
ゲプー
そのあとはデザート!!
浅草には、いもようかんの老舗・舟和さんがいくつもお店をだしていますが……
こんなかわいいカフェもありました♡
OPEN
私は いもようかんソフトパフェ
ダンナは おいものレアチーズケーキ
このソフトクリームがいもようかんテイスト…!! 衝撃的にうまい!!
ドーーッ
レアチーズにもいもようかんが…! 新しい!
そんなかんじで大満足の浅草さんぽでした。
日本の魅力再発見できたね!!
ただいまー
またいっぱい食べてきたの?
とろろはヘルシーだから大丈夫!!!
3杯おかわりしたらダメだろ
びく
カロリーとたたかいながら(?!)これからも夫婦たび楽しんでいきます!!

エリア
MAP

浅草

➡DATA

時代屋　東京都台東区雷門2-3-5
浅草 満願堂　東京都台東区浅草1-21-5
浅草寺　東京都台東区浅草2-3-1
浅草 花やしき　東京都台東区浅草2-28-1
浅草むぎとろ　東京都台東区雷門2-2-4
ふなわかふぇ 浅草店　東京都台東区雷門2-19-10

はみ出し浅草

あげまんじゅうはおみやげにも買いました。初めての食感にみんな大喜び!!
さめててもサクサク!!
甘さが絶妙だね
でしょでしょ
もぐもぐ
また食ってんのかいっ

第2章

つくって食べて いやされる

エリア 神奈川県・湯河原

前編

旅にいきたいっ
カッ
…といっても なかなか全員の 予定があうことって ないのよねェー
しごとー
バイトー
バレエー
ぶかつー
GWも誰かしらいないし、 どこいっても 混んでるし…
ダラけなくても いいんだけど
家で ダラけるしか ないな〜〜
やれやれ
というのが 毎年の恒例 だったんですが…
ゴールデンウィーク？ 予定ないよ
同じく
きせき
ドーン
ならば私も仕事を おわらせるぜーっ
やれるなら ふだんからやれ →
ズバババババ
おわったーっ 旅だ旅ーーっ どこいこーーっ
とはいえ GWだともう 予約とれないかも しれないねぇー…
しかし！近場を かたっぱしから さがした結果…
あいてる宿 発見！！
しゃー！
ってことで今回は…
湯河原に 決定ーー
伊豆
ココ
ゆがわら？！ サイコーじゃん！！
知ってるの？
知らんけど
しらんのかい！！

ユガーラってどこ?
発音が英語っぽいな!!
今回の旅のテーマは「つくって食べていやされる」でいこう!! みんなでいろんな体験できたらいいねってことで♡
うんうん
そんなテーマをかかげいざユガーラ…いえ湯河原!!
ギゅーん
行きはロマンスカー♡
軽く朝ごはんを食べながら…
そろそろ富士山みえるよ気をつけて!!
富士山好きだよね~~…
あ、あれじゃない?
あーそうかな?
アホ毛しかみえないね
富士山にアホ毛はない!!
アホ毛
そのあとちゃんとでっかい富士山がみえました!!
これぞザ・日本!!
小田原で一度電車をのりかえて東海道本線で…
うみだあ――!!

あっというまに湯河原到着!!
湯河原
駅の目の前にあったのは…
「手湯」です!!
なにコレー!!
足湯じゃなくて手湯ってはじめてーー!!
あったか〜〜い
手が若返ったーー!
単純でいいな〜
ホホホ
ハンドパワーがみなぎってきた!!
ふぉおおお
こっちも…
さて最初にむかったのは駅からバスですぐのところにあるこちらの和菓子やさん
和菓子処
味楽庵
おいしそうな和菓子がたくさん並んでいる、一見フツーの和菓子やさんですが…
じゅる
なんと和菓子づくり体験ができるのだ!!
エーーッ
要予約のイベントですがこんなセットが用意されていて…

お店のご主人につくり方を教わりながら…
やわらか〜い
粘土みたいだね——
次は黄色を好きな量のせて…
あまった分は食べちゃっていいですよ
これあまり
これもあまり
もしゃもしゃ
このちょっとつまみぐいするあんこがおいしい
食べすぎじゃね？なくなるぞ
きんちゃくでしぼったりヘラでもようをつけたりと、なかなか難しいのですが…
和菓子のもようってこうやってつけるんだ——
こういうところでオレのセンスがみなぎるな…!!
まいっちゃうなーもう
自信まんまんだな！
そして完成したのがこちら——
5月だったのでこいのぼり
ちなみに父のはコレ
どのへんにセンスがみなぎってんだ？
凡作やん…

かわいいー こんなの食べられないよ もったいなくて
ねー
…とか言ってた2分後には完食。
うまー♡
ぺろり
早っ
貴重な体験ができて大満足!!
たのしかったしおいしかったー
お店の外にでるとこんな模型が
豆相人車?
このへんを本当に走ってたらしいよ、コレ 人が押して動かしてたんだって
人がーー?!
マジか
小田原ー熱海間を4時間かけて走ってたんだって!
ひえ~
押す人はどうやって決めたんだろーね ジャンケンかな
バツゲームじゃん?
いやいや…
そのむかいがわに…
おとうふやさんだ
できたてのとうふが食べられるんだってーー!!
たべたーーい

とうふってそんなに好きじゃないな〜
できたてはきっとちがうよー
おみそ汁のとうふも残す人
お店にはたくさんのおとうふやゆば…とうふドーナツなども売っています！
ハイこちらできたてでーす
わ〜っ
ホッカホカ！
あったか〜いできたてとうふです！
お塩かけて食べるんだって
とうふに塩?!はじめてー!!
んー
ふわとろ!!なめらかで濃厚ーっ
おいしーーっ とうふじゃないみたいっ
これならいくらでも食べられるーっ
塩がまた甘さをひきたてておいしいねーー
みんな感動のおいしさでした!!
そのあとむかったのは「不動滝」
不動滝
入口
自然の中の滝はマイナスイオンたっぷり！
涼しいねー

すぐそばに茶屋があり、滝をながめながら、のんびりできます。
その茶屋のおみやげコーナーに並んでいたのが…
コレなんだろう?
たくさんの竹でできた灯ろうです。
なんとお店のご主人の手づくり!!
この中に電池式のろうそくを入れてあかりにするんだって!
へえー!いいね ほしいなあ!!
じゃ、おみやげに1つ買っていこう!どれにする?
エ〜〜 どうしよう まようーっ
このデザイン…!やばいじゃんっ コレにしよう コレしかないっ
え なんで?
スーの「S」だから
ずるいな!
家ではこんなふうに飾られています♡
むかーしむかし… あるところに ……
そーいうつかい方?!
フフフ…

みがわり不動尊もあったので みんなでおまいりしましたが…
みがわりって？
仏様がみがわりになって悪いできごとから守ってくれるんだって
じゃ最近 夜中足がつるんだけどそれもみがわりになってくれるかな
仏様もそこまでヒマじゃないんじゃない？
そして次に行ったのは…
「独歩の湯」っていう足湯設施にいくよーー！
どっぽ？
国木田独歩も知らない娘たちをつれていざ独歩の湯へ！
なにどっぽって
トッポならしってるけど
おかし
緑あふれる広い万葉公園の中を進むと…
川のせせらぎがきもちいいねーっ
途中でこんなおじぞうさんを発見
治したいところにお湯かけるとよくなるんだってさ
お姉ちゃん 頭にかけなよ
へーっ
ハハハ
なんつって
エーー 頭に？ こうやって？ ビショビショになるじゃん
自分にかけてどーすんの!!
ズコー
コイツっていうな
ああ！ コイツにかけるのね☆
早急に治るといいな、その頭!!

ここが独歩の湯!!
わーどれからいこうか!!
敷地内には9つの足湯があって、効能が全部違うのです!
やっぱ私は若返り効果がある「皮口の泉」だなっ
あーほかに「5キロやせる泉」とか「貯金がふえる泉」とかないかなー
ねェよ!!
オレはココ!! 花粉症にきく腸鼻の泉!!
ここは「喜びの泉」だって
そーいえばなんか幸せ!!
いつもだろ
そんなカンジでゆったり足湯を楽しみました♡
いやーリラックスできた!!
若返っちゃったかしら ホホホ
おなかへったー
よしおいしいごはんたべにいこーっ
てことで続きは後半!!
おたのしみにーー!
ごっはん ごっはん

エリアMAP

湯河原

➡DATA

味楽庵　神奈川県足柄下郡湯河原町宮上230

十二庵　神奈川県足柄下郡湯河原町宮上170-1

不動滝　神奈川県足柄下郡湯河原町宮上750

独歩の湯　神奈川県足柄下郡湯河原町宮上704

広域マップ
75
湯河原
パークウェイ
東海道新幹線
740
真鶴マップ(P42)
真鶴道路
JR
東海道本線
真鶴駅
75
万葉公園
739
相模灘
20
135
湯河原駅
湯河原マップ(下図)
真鶴岬
102
0
1km

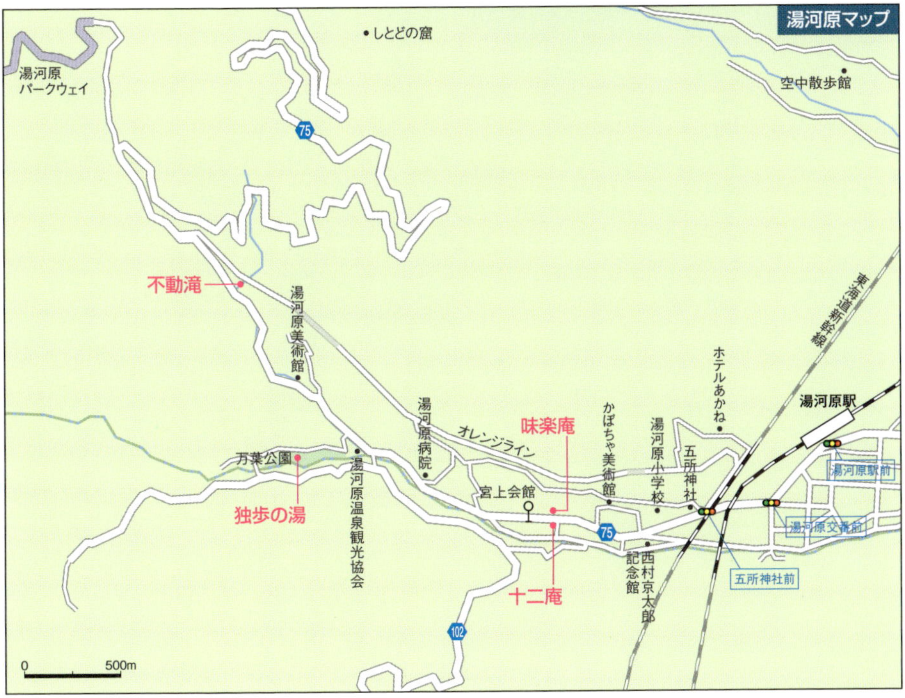
湯河原マップ
しとどの窟
湯河原
パークウェイ
空中散歩館
75
不動滝
湯河原美術館
東海道新幹線
ホテルあかね
湯河原駅
湯河原病院
オレンジライン
味楽庵
かぼちゃ美術館
湯河原小学校
五所神社
湯河原駅前
万葉公園
湯河原温泉観光協会
宮上会館
独歩の湯
75
湯河原交番前
西村京太郎記念館
五所神社前
十二庵
102
0
500m

はみ出し湯河原

紙ナプキンでつくるバレリーナはカフェにいった時などの小ネタで披露すると大ウケします♫
じゃーん
エーーッすごいっどうやるの?!
かわいーーおしえておしえて

第3章

つくって食べていやされる

エリア 神奈川県・湯河原

後編

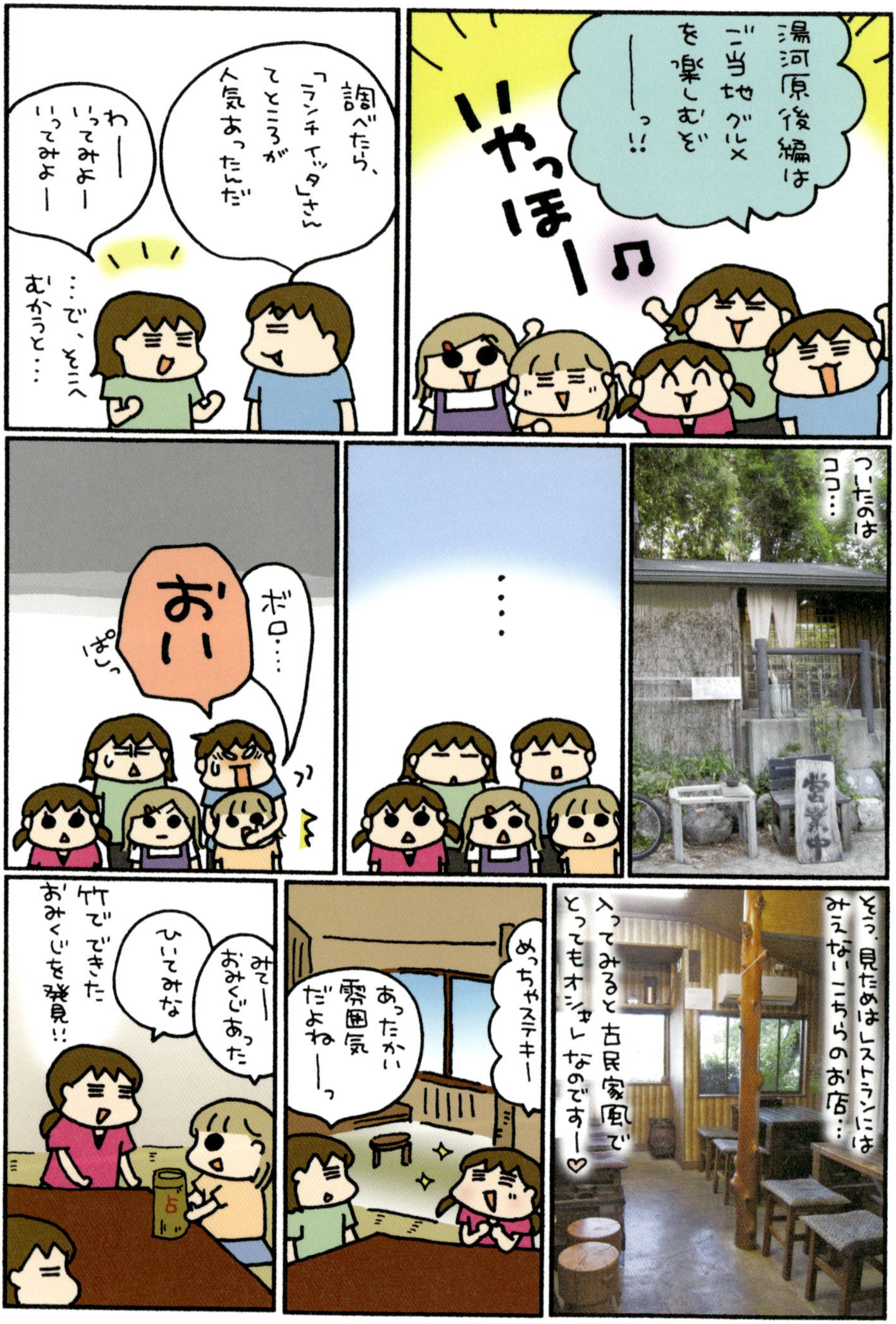
湯河原後編はご当地グルメを楽しむぞ―――っ!!
いやっほー♫
調べたら、「ランチイッタ」さんてところが人気あったんだ
わーー いってみよー いってみよーー
…で、そこへむかうと…
ついたのはココ…
営業中
・・・・
ボロ…
おい
ぱしっ
ガ
そう、見ためはレストランにはみえないこちらのお店…
入ってみると古民家風でとってもオシャレなのですー♡
めっちゃステキー
あったかい雰囲気だよねーっ
竹でできたおみくじを発見!!
みてー おみくじあった
ひいてみな
占

なにがでるかなーー
ジャラ
ジャラ
大吉 中吉 小吉 吉 凶 だって!!
ドーーン
凶
やりなおし
ジャラジャラ
認めん!!
いや だめだろ
メニューをみるとどれもおいしそうで悩む!!
名物丼って気になるー
うなぎもおいしそーーっ
やはりこれははずせない!ってことで
…七七の名物丼!
おいしそーっ
国産100%といううなぎ!!
うなぎ大好きっ
そしてこちらは湯河原のご当地メニューという担担やきそば
スープやきそば?! なにそれ!!
名物丼、あぶりチャーシューがとろっとろ!!
カルビと温泉卵が絶妙にマッチ!!
ガッ
ガッ
うなぎもふっくらやわらかー!
こんなおいしいのたべたことないー!!

スープやきそばって
初めてだけど…
ラーメンでもスープパスタ
でもない新食感!!
ちょっとピリ辛
なのもオレ好みで
うまいっ♡
野菜もたっぷりでいいね!!
野菜は自家栽培だそうです!!
残ったスープには
ごはんを入れて
ぞうすい風に…!
さいごまでたっぷり楽しめる!!
デザートにたのんだ
クレームブリュレは
目の前でバーナーで焼いてくださいます♡
ゴーー
自家果樹園でつくったみかん
をつかったソースをかけて
いただきます!
外はパリパリ中はとろーり
お店にはとっても
ひとなつっこい
ねこちゃんもいて…
お客さんみたい
に座ったりして
とってもかわいい♡
おぎょうぎいいねーーっ
ちょこん
おいしいゴハンと
かわいいねこちゃん
にいやされ
ハッピーな
時間でした!!
ねこちゃんバイバーイ
そんなこんなで
1日目は終了。
夜は宿の
温泉で
疲れを
おとし……
湯河原の温泉サイコーや!!

夜は恒例の大ひんみん大会
(旅行に行った時は必ずやる)
最後に大ひんみんだったんは明日、全員の浴衣をたたむこと!!
なにっ!!
これは負けられん!!
うおーっ
バシーッ
結果
いいだしっぺが大ひんみん→
早くたたみなさい
ホホホ
ハイなんでもやらせていただきます
せっせ
せっせ
さて2日目は…
絵つけ体験ができる工房があるんだーいってみよー
絵つけって?
お皿とかコップに絵をかくことだよ
初めての絵つけ体験からスタート!!
やってきたのは工房「ごえんず」さん
内装がオシャレ♡
絵つけはこの焼く前のお皿に青い絵の具で好きな絵をかきます
とっても簡単ですよ
色が濃すぎると焼いた時こげます うすい色を重ねるとムラができますので気をつけて 皿はわれやすいので ひっくり返す時は…
エッむずかしそーじゃん!!

なにかこうか…
うーーん
お母さん一緒にドラクエの絵かこーー！
いいよ
お母さんモーモンにして！
う、うん
かけるかなーー…
チーは世界樹の葉にするね！
えっ？ズルくない？
オレのセンスがみなぎるな…
またかよ
どんな太さでかけばいいのか…
濃さは正しいのか…
どこからかこうか…
こーいう時めっちゃ慎重なん
でーーきたっ
完成っ
早っ
なんの迷いもなくつき進むん
あーーキンチョーで手がふるえるし目がかすむし肩こるし…
それただのトシ
みんながさわぐ中、美大生の姉さんはスイッチが入って…
もくもく
超集中してんな…

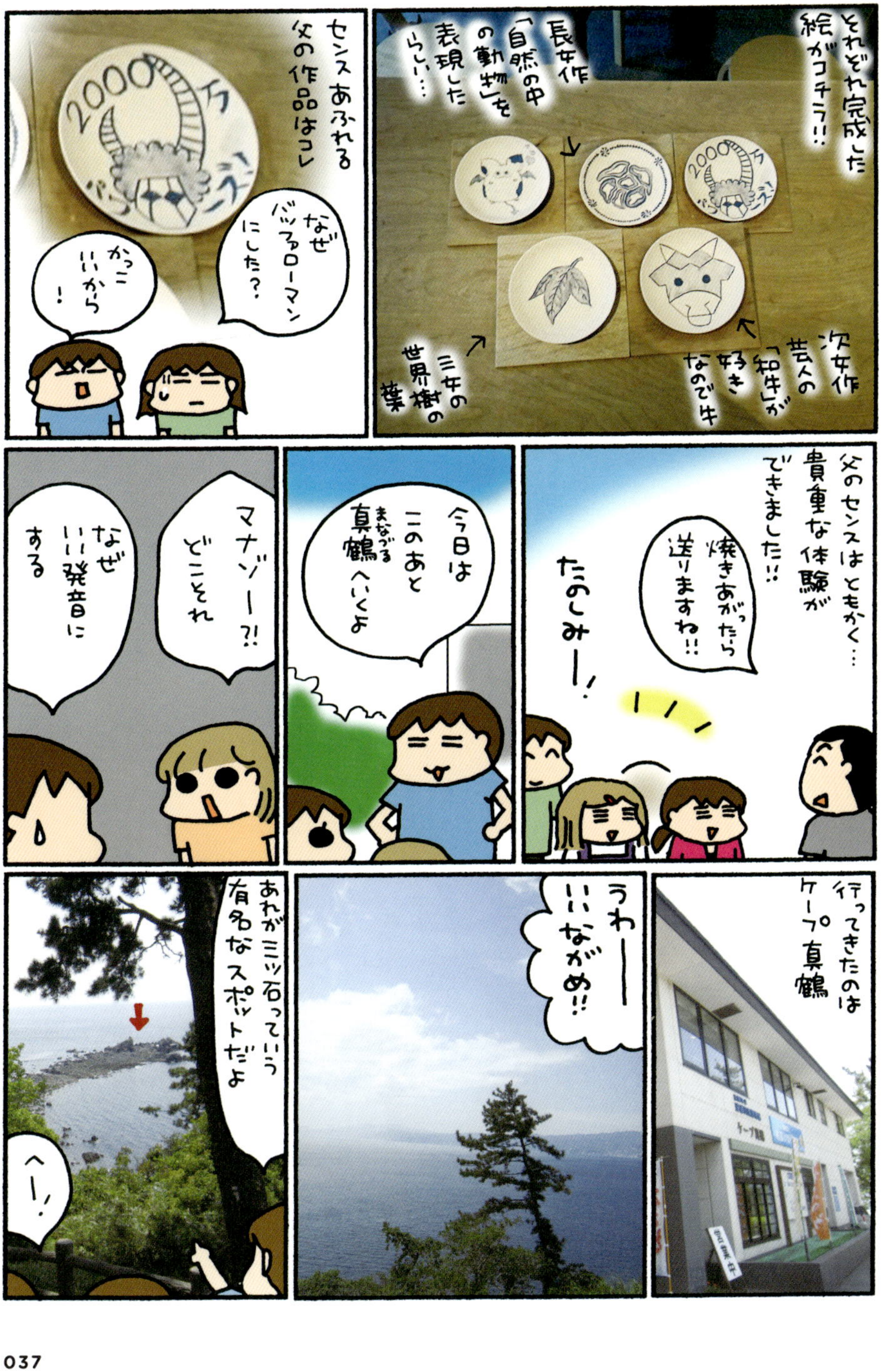

それぞれ完成した絵がコチラ!!
長女作「自然の中の動物」を表現したらしい…
次女作 芸人の「和牛」が好きなので牛
三女の世界樹の葉
センスあふれる父の作品はコレ
なぜバッファローマンにした？
かっこいいから！
父のセンスはともかく…貴重な体験ができました!!
焼きあがったら送りますね!!
たのしみー!
今日はこのあと真鶴《まなづる》へいくよ
マナゾー?! どこそれ
なぜいい発音にする
行ってきたのはケープ真鶴
うわーーいいながめ!!
あれが三ツ石っていう有名なスポットだよ
へー!

あの海岸までおりられるからいってみよー
おー
海岸までおりる途中にあるカフェでいっぷく。
テラス席きもちよすぎーっ
こんなところに住めたら幸せだよねーっ
私が将来大御所になってこーいうところに住むから遊びにきていいよ
なんの大御所だよ
バナナジュースがとっても濃厚でおいしかったー♥
下までおりると…
わー海だーっ
みてカニ!!
へんな貝もいる!!
魚だーっ
わーっ
大きくなってもあんなことではしゃぐんだね——

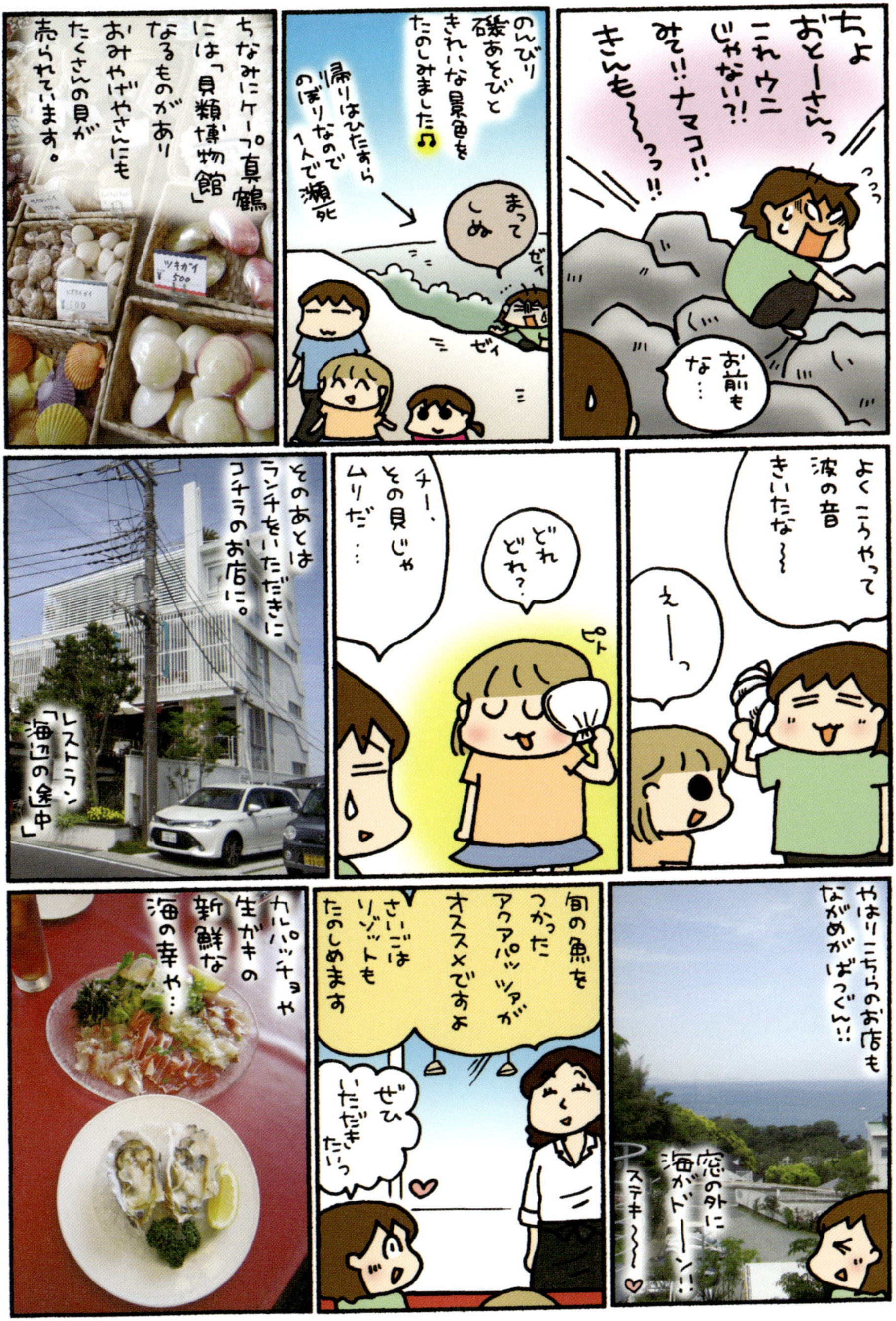

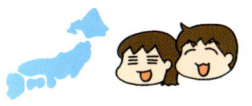

※残念ながら「海辺の途中」は閉店してしまいました。

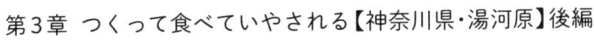

パスタやハンバーグの洋食も絶品♫
こちらがアクアパッツァ
お魚丸ごと!! 魚のおだしがきいていて
野菜もとにかくおいしい!!
こちら、ホーボーという魚をつかっています
きいたことないな～
きっとボーっとしててつかまっちゃう魚なんだろーね
ボー
どーかな…
最後はごはんを入れてチーズをのせてバーナーで焼き…
おいしいリゾットの完成!!
うーんチーズとろとろでおいしーっ
ホーボーのうまみがきいてるねっ!!
こちらのお店には看板鳥のフクロウさんがいます。
かわいーっ
おーい なにかいって～
ホ～ホケキョ!!
いや それうぐいす

お店のあちこちにステキな絵や人形が飾ってあって…
あの紙でつくったバレリーナかわいいね
するとお店の奥さまが…
紙ナプキンでかんたんに作れるんですよー
えーっ
ってことで紙工作教室(?)がはじまり…
こうしてこうして…
ふむふむ
こんなかわいいバレリーナがつくれるようになりました♡
ちょっとあなた!大統領になるのは私よ!ひっこんでなさい!
あなたこそ
おだまりけいさつ呼ぶよ
そーいうあそび好きよね――
いくつになっても…
言ってる内容よくわかんないけどな…
いやーたくさん食べてつくっていやされた旅だったね
ユガーラとマナヅーさいこーだったね!!
できあがったお皿は無事届いて…
食事の時に大活躍中ですが…
お父さんのセンスあふれる皿つかっていいぞ!!
エーやだ
変だからいい
父の皿の評価はイマイチです(笑)

エリアMAP

湯河原・真鶴

➡DATA

ランチ イッタ　静岡県熱海市泉99-1
工房 ごえんず　神奈川県足柄下郡湯河原町吉浜1847-40
ケープ真鶴　神奈川県足柄下郡真鶴町真鶴1175-1
遠藤貝類博物館　神奈川県足柄下郡真鶴町真鶴1175-1（ケープ真鶴内）
三ツ石　神奈川県足柄下郡真鶴町真鶴

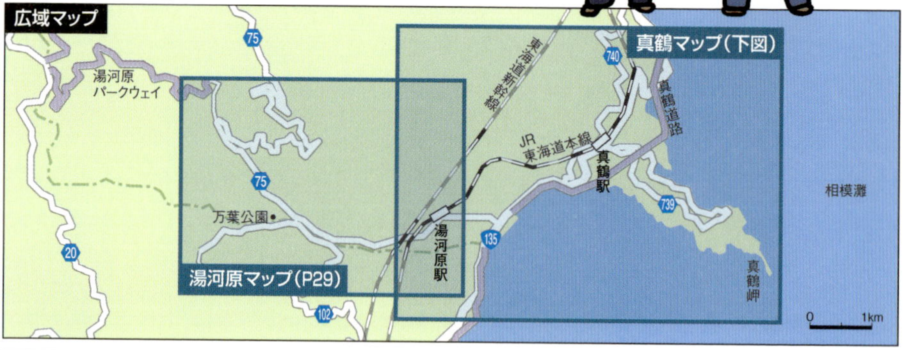

広域マップ
75
湯河原パークウェイ
東海道新幹線
740
真鶴マップ（下図）
真鶴道路
JR東海道本線
真鶴駅
75
万葉公園
湯河原駅
739
相模灘
135
20
湯河原マップ（P29）
真鶴岬
102
0
1km

真鶴マップ
740
135
空中散歩館
木村美術館
工房 ごえんず
真鶴道路
岩IC
真鶴駅
真鶴町役場
東海道新幹線
JR東海道本線
740
湯河原中央温泉病院
ケープ真鶴
遠藤貝類博物館
福浦IC
堀田高洋画館
739
湯河原町役場
湯河原駅
75
エスポットモール
135
湯河原駅前
湯河原駅入口
湯河原交番前
中川一政美術館
真鶴岬
ランチ イッタ
三ツ石
熱海ビーチライン
相模灘
135
0
500m

第4章

雨予報ニモ負ケズ 夏の信州で 自然と歴史を満喫

エリア 長野県・松本

前編

なんという気持ちのよいマイナスイオン!!

夏休みがくる——っ
きますなあ!
夏休みならみんなの予定も合うし、旅の計画を立てようじゃないか!!
やったー
たびー♪
モロッコいきたい!!
どこだかしらんけど
テキトーに発言しないでもらおう!
夏だからいいよねぇ——涼しいところが
北海道とか?
でも前に、8月に避暑のつもりで北海道行ったら
その時だけ東京より暑い異常気象だったことあったね〜
カッ
あぢー
ダッダッ
どうなってんだコリャアァー
他に涼しいところってどこだろ…
部活の合宿で長野行ってたけど涼しかったよ〜
長野かー
いいね!!
軽井沢は行ったことあるからもっと奥の方行きたいね!!
…ということで今回選んだのは…
松本〜上高地!!
ここ〜!!

上高地は山がキレイで涼しいらしいよ!!
松本には国宝松本城もあるし歴史好きにはたまらん!!
よーしさっそく宿検索!!予約じゃーっ
カタ カタ カタ
…で、8月の後半に無事予約をとったのだけど…
いやーたのしみたのしみ♫
旅行の数日前……
非常に強い台風が日本の南を北上し、来週には……
週間天気
なにっ
台風接近のため雨予報がでる中出発…
東京は降ってないけど…長野大丈夫かな
うーん
今回の旅のテーマは…「雨予報ニモ負ケズ!!夏の信州で自然と歴史を満喫!!」だーっ!!
そして到着してみると…!!
うおーーっ晴れてるっ!!
よーっし!!晴れているうちに上高地までいっちゃおーー
おーーっ
ちなみに上高地って自然保護のために、マイカーでは行けないらしいよ〜
へーー!
じゃどうやっていくの?ユアカー?
バスかタクシーだって
なんだよユアカーって

松本駅から上高地線に乗って…
Highland Rail
2両!! かわいいーっ
この電車で終点までいって、そこからバスで山道を60分…かな
遠っ!!
大丈夫？そこ…山奥すぎて未知の生物とか住んでない？
……
途中の景色がすでに美しい…！
小さなことに驚きつつ…
ホームに自転車おきば?! 便利すぎでしょ
まもなく新島々《しんしましま》～～
しましまって名前かわいくない？
ね
終点の新島々駅に到着!!
ここからさらにバスか～
でも途中の山道にもみどころがたくさんあるんだってー!!
だからちゃんと外の景色楽しんで!! スマホなんていじっちゃダメ なかなか来られる所じゃないんだからね
はーーい
バス出発10分後…
がーーー…
やはり…
みごとなフラグだったね

途中、こーんな大きいダムがあったそうな!(ダンナ撮影)
「奈川渡ダム」です
私たちは「大正池」というところで降りて…
ここでいったんお昼にしよー!
わーい
これが大正池!!
澄んだ水面にうつる山の緑が美しい…!!
なんという気持ちのよいマイナスイオン!!
清々しいー!!
この大正池がのぞめるレストラン「レイクビュー」で休憩!
このあとたくさん歩くからしっかり食べておこう!!
歩かなくても食べるよね
信州みそカツ丼!!
みそカツ大好き♡

信州名物、山賊焼プレート
おしゃれでおいしそー!!
夏野菜カレー
カレーははずせないっ
信州ハンバーグ
やっぱりハンバーグでしょ
んー、みそが濃くて…
カツにからんでサイコー!
山賊焼ってにんにくがきいてて衣サクサクでおいしいっ!!
ハンバーグもジューシーだよ!!
キレイな景色をみながら食べるごはんは格別だね!!
うんうん
デザートにはソフトクリーム♡バニラとラムネ
濃厚でおいしかった!!
さてここから上高地のバスターミナルまで歩くぞー!
おー

夏だけど涼しくてさわやか!!
長野にきて正解だったねー!!
沢の水は澄んでいて…
山の緑はキラキラ…
日本にはこういうステキな場所がたくさんあることがほこらしいよね!!
三女(中2)の感想
ほんとほんと!!トランプにみせてやりたいよね!!
長女(大1)の感想
…
ここは田代湿原
ここからみる穂高すばらしいっ
そのあと歩いている時にふとみつけた看板…
ん?
熊目撃情報
Black Bear Sighting Report
8月16日PM1:30頃
場所 田代湿原で
ツキノワグマ 1頭
が目撃されています。
Black Bear was observed
date & time: 8/16 1:30PM
place: Tashiro pond
how many bears: 1

先週やん…!!
ぞーーっ
エッ やばいじゃん
死んだフリ練習しよう!!
練習必要か…?
やさしいクマだといいな… ハチミツなめてるだけの
そんなプーさんみたいなクマおらん
クマには会わずにすみましたが…
ん?
さる…!!
ドーン
……
ふつーに野生のサルとすれちがう上高地!!
ミラクル!!

そして河童橋に到着!
わー けっこう ゆれるね
ぎし ぎし
この橋からみる景色が絶景なんだよーっ
ほんとだー
これをみたかったんだ!!
じーん
お天気もったねー
こんなに気もちよく晴れるなんて…
よかったよかった!!
子どもたちも大きくなって長い散歩も楽しんでくれるようになったしねー
そうだね〜
少し前まで大変だったもんね〜
つかれたー
まだー?
早くかえろー
だっこー
ーー
一緒に旅を楽しめるようになった子どもたちの成長も感じつつ上高地のお散歩は終了…

その夜は宿の温泉を満喫し…
いっぱい歩いたからサイコーに気もちいいねっ
宿のごはんも…
そばがうまいっ!!
信州ですもの!!
ズズーーッ
こちらの晩ゴハンにはちょっとしたバイキングコーナーがあって…
とれたて野菜がたっぷり食べられる♡
みそキュウリあった——
しあわせー
とりすぎじゃない?!
キュウリてんこもり
お腹も心も満たされたところで恒例の大ひんみん大会スタート
謎
オレたちの本当の戦いはここから始まる!!
オー!
今回大ひんみんになった者は…帰宅後スーツケースの中身をキレイに片づけること!!
うおーっ
ぜったいイヤだっ
結果は…
うわ~たのむもう一戦してくれーっ
富豪にその口のきき方はなんだっ無礼者!!
負け
さーねよねよ
ちなみに明日の予定はなんだ? 大ひんみんよ
はっ!! 明日は松本城からスタートしそのあと松本市内を観光します!!
雨ふりませんよーーにっ!!
私晴れ女だから大丈夫だよっ
どうなる2日目?! 後半へつづく!!

第5章

雨予報ニモ負ケズ 夏の信州で 自然と歴史を満喫

エリア
長野県・松本

後編

午前6時…
はっ
しゃーーっ
うおーーっ
みんな起きろーっ
晴れてるぞーーっ
よーしはりきって松本観光いくぞーーっ!!
GO GO!
てことで信州の旅2日目スタート!!
まずはダンナがとても楽しみにしていた松本城へ!!
このお堀!!見事だなーっ!!
お城への入口にある門で…
ホラこの形は枡形っていうんだ

こういう形にすることで 敵が入ってきたとしても 直進できないように なっているんだ
門
門
で、そこに侵入 してきた敵は 横やうしろから 攻撃されると いうわけだ!!
へー ショックだね
なんだその 軽ーーーい 感想はっ!!
松本藩には忍者がいたそうで、 その忍者についての展示がありました。
国宝松本城 平成30
忍者って今も実在 するんだよね? さがせばどっかに いるってこと?
いやいないでしょ! 今どき あんなカッコ ダサすぎるもん
そこ?!
ケムリグズスリの つくり方だって!! 本当にこんなこと してたんだね!!
エーー かっこいい!!
ケムリグズスリ・ネムリグズ
ケムリグズスリノ法
よい子はぜったい 真似しないでね!
「ケムリグズスリノ法」部分
チー、ルパンみたいに なりたいと思ってたけど 忍者めざそうかな
どっちも やめて
そして松本城天守閣の 中も見学♪
重量感が すごいよねーっ
しかし、階段がめちゃめちゃ急!!!
ほぼハシゴ じゃねーーっ?!

お母さんしっかりつかまって
ゼィ ゼィ
う…うん
足もと気をつけて
とっても心配される母(44歳)
なんでこんな急なの…昔の人ってドMなの？
敵が簡単にのぼれないようになってるんだよ
それにホラ、この穴から矢をうったり石を落としたりして敵を攻撃したんだ
セコムしてるね
うんうん
セコム…？なのか…？
中には当時のよろいや鉄砲の展示も…
え、これが鉄砲の玉？
ダンゴ虫でもいけるんじゃん？
いけるか!!
その後もヒーヒーいいながら階段をのぼり…
おちてこないでね!!
ゼーゼー
天守閣のてっぺん!!
いいながめ!!

この漆黒の迫力!!
歴史感じる佇まい!!
これぞ国宝!!!
じ〜〜ん
こんなつくりじゃトイレいくの大変じゃん——?
あははは
いえてる
若干の温度差はありましたが、みんな楽しみました。
じゃあ次はごはん食べにいこ——っ!!
おー—!
ふらふら歩いてみつけたのはこちらのお店「バサラ」さん
これ蔵の形してる?
蔵を改造したお店なんだね!
中は奥行があり天井も高く、広々!!
注文したのはこちら!!
長野産牛肉のグリル
青とうがらし味噌ソース
まぐろと茎わさびの
づけ丼
信州ポークと野菜の
黒こしょういため

牛肉やわらかっ!!
みそのソースがたまらん!!
この豚肉もさることながらやっぱ信州は野菜がおいしいっ
まぐろも新鮮だし、わさびがさわやか!!
しあわせーーっ
光がたくさん入る明るい店内でおいしいごはんを楽しみながらゆっくりくつろぐことができました♥
いいお店みつけてよかったネ
そのあと行ったのは、日本一のふりこ時計が目印の、時計博物館。
うおーなんだあれは!!
でっかい時計!!
館内にはめずらしい時計やかなり年季の入った時計がたくさん展示されています。
これ時計ー?!
金魚時計《きんぎょどけい》
Goldfish clock
日本/大正
これだけの時計がきちんと動いてることがスゴイよねーー
うんうん
のっぽの古時計だ!!
大きいね〜
お母さんのおばあちゃんの家にはあったよ
へえー
小さいころ、夜中にボーンボーンってなるのがこわくて、ふとんにもぐって耳ふさいでたんだーー
ボ〜ン
ボ〜ン

そんな爆発音みたいな音なるの?あの時計
「ボーン」のニュアンスがちがうな…
いろんな時計があっておもしろかったね〜
そんな時計博物館をあとにして…
松本駅周辺をさらに散策
レトロな建物が多くてみていて楽しいね
城下町の風情があるよね〜
マンホールのフタもかわいかった!
てまり!松本の伝統工芸なんだって
こんなものも発見
井戸?!
この水のめるんだって
平成の名水百選ってかいてある!!
冷たくておいしーっ!
全然クセがないね
夏にはうれしいっ!!
そしてそのあとみつけたカフェ「珈琲まるも」さん
珈琲 まるも
おとなりには「やど」ってかいてある
やど まるも
カフェが旅館の一部なんだね

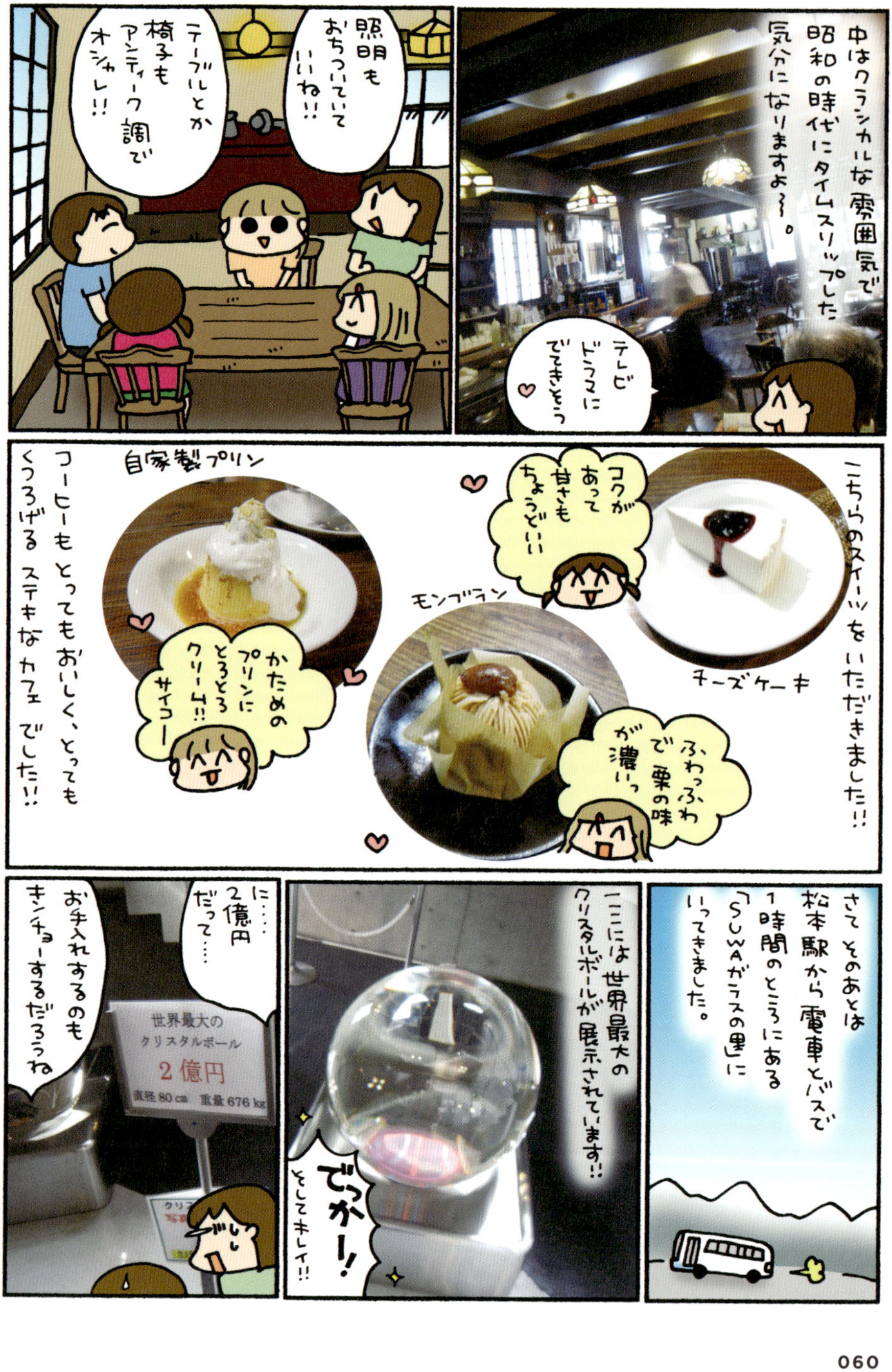
中はクラシカルな雰囲気で
昭和の時代にタイムスリップした
気分になりますよ〜。
テレビドラマにできそう
照明もおちついていていいね!!
テーブルとか椅子もアンティーク調でオシャレ!!
こちらのスイーツをいただきました!!
チーズケーキ
コクがあって甘さもちょうどいい
モンブラン
ふわっふわで栗の味が濃いっ
自家製プリン
かためのプリンにとろとろクリーム!!サイコー
コーヒーもとってもおいしく、とってもくつろげるステキなカフェでした!!
さてそのあとは松本駅から電車とバスで1時間のところにある「SUWAガラスの里」にいってきました。
ここには世界最大のクリスタルボールが展示されています!!
でっかー!
そしてキレイ!!
に……2億円だって……
お手入れするのもキンチョーするだろうね
世界最大の
クリスタルボール
2億円
直径80㎝　重量676㎏

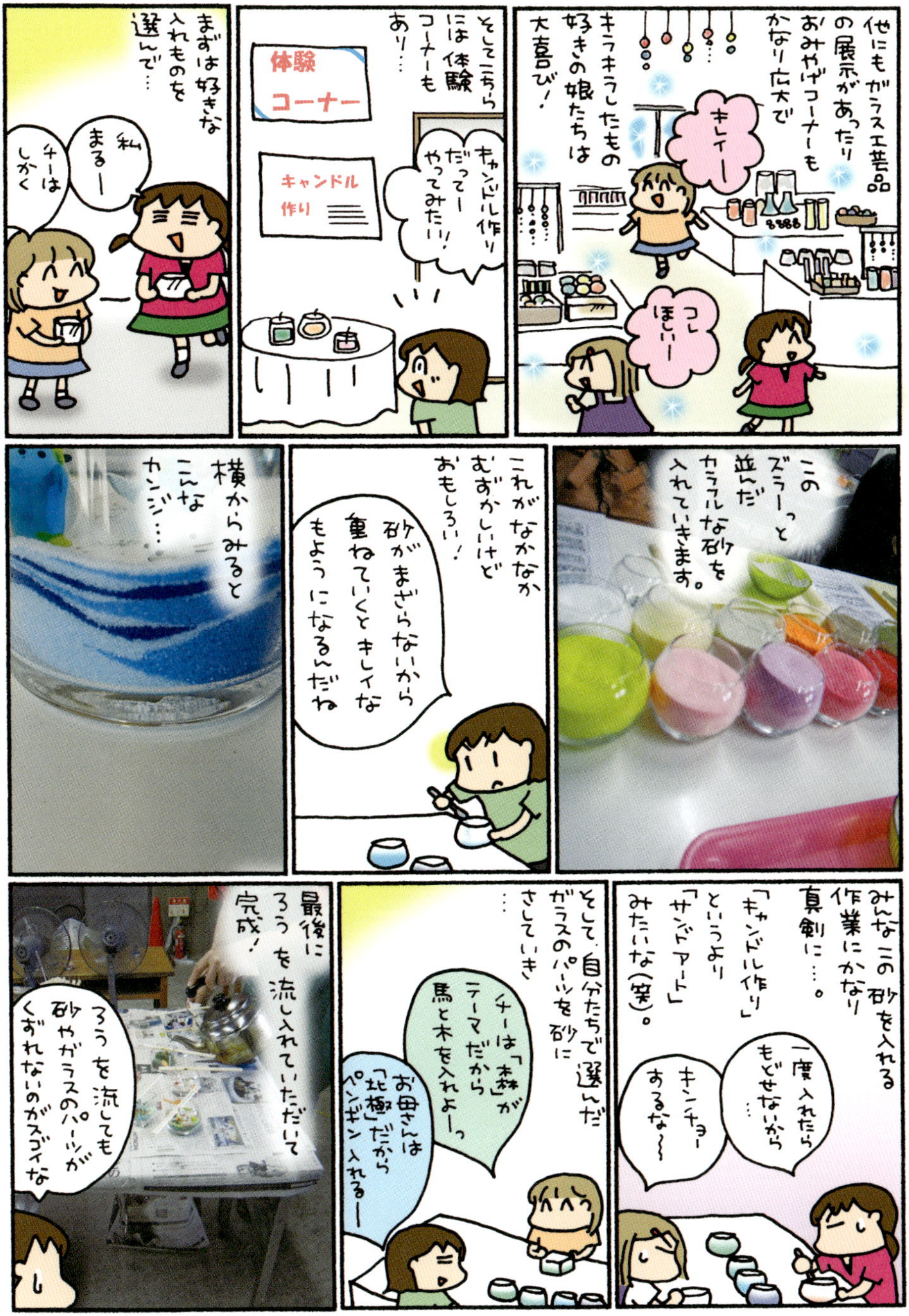
他にもガラス工芸品の展示があったりおみやげコーナーもかなり広大で
キラキラしたもの好きの娘たちは大喜び！
キレイー
コレほしいー
そしてこちらには体験コーナーもあり…
体験コーナー
キャンドル作り
キャンドル作りだってーやってみたい!
まずは好きな入れものを選んで…
私まるー
チーはしかく
このズラーっと並んだカラフルな砂を入れていきます。
これがなかなかむずかしいけどおもしろい！
砂がまざらないから重ねていくとキレイなもようになるんだね
横からみるとこんなカンジ…
みんなこの砂を入れる作業にかなり真剣に…。
「キャンドル作り」というより「サンドアート」みたいな(笑)。
一度入れたらもどせないから…
キンチョーするな〜
そして自分たちで選んだガラスのパーツを砂にさしていき…
チーは「森」がテーマだから馬と木を入れよーっ
お母さんは「北極」だからペンギン入れるー
最後にろうを流し入れていただいて完成！
ろうを流しても砂やガラスのパーツがくずれないのがスゴイな

完成品はこちら!!
母作
テーマ：北極
次女作
テーマ：牧場
長女作
テーマ：ねこ
三女作
テーマ：森
父作
テーマ：山
いい おみやげが できたー♡
楽しかったね
すぐお持ち帰り できてうれしい♡
帰る時には空がどんよりでしたが…
最後までふらなかったー!! やったね☆
初めてきたけど、松本すごくよかったね
街並とかもっとじっくりみたいから またいつか来たいな!!
上高地の美しい自然と松本の文化や歴史にふれ…
とても充実した旅になりました!!
そして帰宅
は〜 やっと わが家…
なにか忘れてない?
え?
ホホホ あとはよろしく♡
そーだった…
片づけまでが旅行です
by母
スーツケース

はみ出し長野

エリアMAP

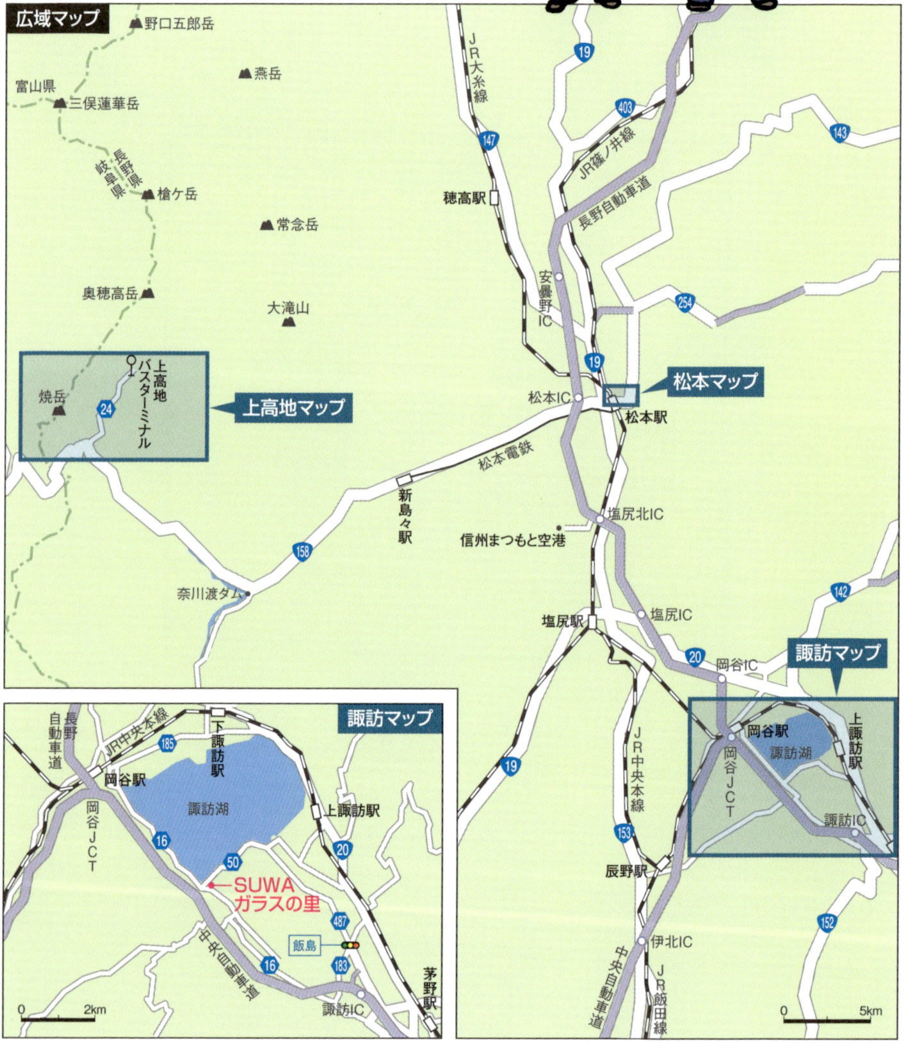

広域マップ
野口五郎岳
燕岳
富山県
三俣蓮華岳
岐阜県
長野県
槍ケ岳
常念岳
奥穂高岳
大滝山
焼岳
上高地バスターミナル
24
上高地マップ
JR大糸線
19
403
147
143
JR篠ノ井線
穂高駅
長野自動車道
安曇野IC
254
19
松本マップ
松本IC
松本駅
松本電鉄
新島々駅
塩尻北IC
信州まつもと空港
158
奈川渡ダム
142
塩尻IC
塩尻駅
20
岡谷IC
諏訪マップ
岡谷駅
上諏訪駅
諏訪湖
岡谷JCT
諏訪IC
19
JR中央本線
153
辰野駅
152
伊北IC
中央自動車道
JR飯田線
0
5km
諏訪マップ
長野自動車道
JR中央本線
185
下諏訪駅
岡谷駅
諏訪湖
上諏訪駅
岡谷JCT
16
20
50
SUWAガラスの里
487
飯島
183
中央自動車道
16
諏訪IC
茅野駅
0
2km

長野・松本

➡DATA

大正池　長野県松本市安曇上高地
レイクビュー　長野県松本市安曇上高地（大正池ホテル内）
田代湿原　長野県松本市安曇上高地
河童橋　長野県松本市安曇上高地
松本城　長野県松本市丸の内4-1
食蔵バサラ　長野県松本市中央2-3-23
松本市時計博物館　長野県松本市中央1-21-15
SUWAガラスの里　長野県諏訪市豊田2400-7
珈琲まるも　長野県松本市中央3-3-10

上高地マップ

松本マップ

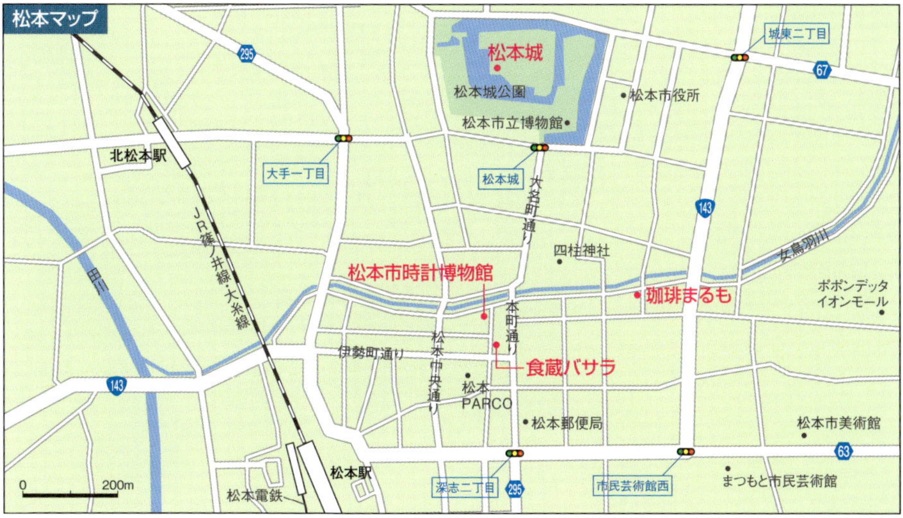

松本ぷりっつの
夫婦《めおと》漫才旅
ときどき3姉妹

第6章

秩父でみそグルメを味わう旅

エリア 埼玉県・秩父

前編

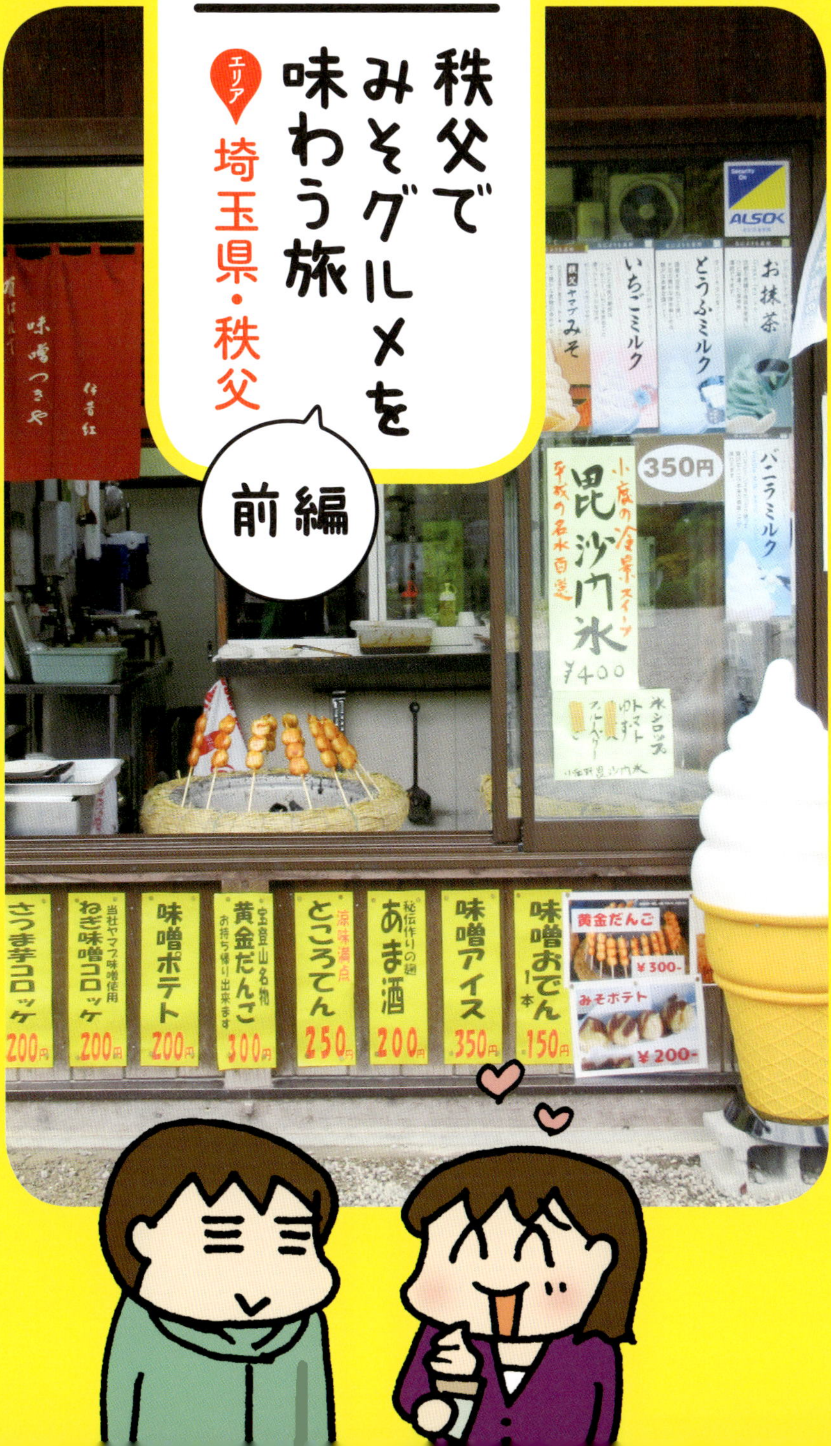

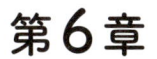

気晴らしにまた、どこかお散歩いきたいな——!!
たまには少し遠出したいね〜
でもさー 遠出も楽しいけど… いつも帰り、ヘトヘトになるじゃん…
…
もう…歩けない…
ヘトヘトどころじゃない
だからたまにはそのまま1泊とかどう?!
オオー
まあ、少し前まではそんなこと考えもしなかったけど…
こどもが小さかったからね〜
今では…
今日のゴハン私が作るよー!
電車でいけるから送迎いらなーい
えー でかけるの?! ごゆっくり!! 帰ってこなくて全然いいよ!!
(ゲームやりたい放題だから)
すっかり大きくなって…
帰ってこなくていいといわれるのはどうかと思うが…
うっ…
よし!じゃ今回は夫婦で1泊旅行にしよーー
やったーー

それならずっと気になってた秩父にいきたい!!
なんで気になってんの?
みそが有名みたいだから!!
キラキラ〜
みそ好きだもんねー…
では今回は「秩父でみそグルメを味わう旅」…ってことで
秩父へレッツゴー!
みーそ! みーそ!
こどもたちにお留守番をまかせ…
いざ出発!!
おみやげよろしくーっ
行きはこちらのレッドアロー号で!!
こういう列車にのるだけで旅行感が出てワクワクするよねーっ
うんうん
ついたのは西武秩父駅
西武秩父駅
韻ふんでるね!! せいぶ!! ちちぶ!! ここであそぶ!!
YO!!
ハイテンションだなー〜
ドーン
つーかコレ駅?!

西武秩父駅には
なんと
でっかい温泉施設
がくっついてるのだ!!
駅に温泉とか
マジすごいっ!!
感動!!
いいなー
最寄駅が
こんなだったら
私 駅に住むわ!!
いや
帰ってこいよ
そこから
長瀞《ながとろ》駅へむかうため
秩父鉄道に
のりかえ…
徒歩5分ほど
おはなばたけ
いや
駅の名前
かわいすぎか!!
到着した長瀞《ながとろ》駅も
レトロでいい雰囲気
今日はこの先に
ある川で…
ライン下りを
やりまーーす!!
えーっ?!
それってライセンスとか
なくてもできるやつ?!
ザパーン
なにか
かんちがい
してるな…
こちらは
川にいく途中にある
岩畳通り商店街
一本屋
おみやげやさん
とかお食事処
がいっぱい!!
昔ながらの
雰囲気がいいねー

そんな中 みつけた こちらのオシャレなお店
「長瀞とガレ」
MENU
お知らせ
ドーーン
みそ豚 ガレドッグ…!! キタコレ!!
さっそく発見した みそグルメ!!
みそ豚のウインナーをガレットでつつんだガレドッグです!!
んーーーっ
皮がパリパリの ウインナーから 肉汁がジュワーッ
みそ風味が たまらんっ!!
ガレットが ふわふわもちもち!!
注文してから 焼いてくれるから アツアツで幸せーー!!
く～っ この「秩父ビール」もうまいっ ドッグに合うわ～
川原の食べ歩きに ちょうどいい オシャレグルメだねーーっ♡♡
そこからすぐに 川に出られます
これが 荒川だよ
荒川ってこんな ところから 流れてるんだ!!
このずーっと続く岩の岸が岩畳っていって、天然記念物らしいよ
へー!
たしかに ミルフィーユみたいになっていて おもしろいね
昔はこのへんは 川底だったんだって

あと、この岩畳にはポットホールてのがあるらしい
なにそれ？
小石がうず巻によってぐるぐる回って、川底の岩をけずってできた穴だって
くるくる
小石が岩をけずる…だと？！
おもしろそう！さがそさがそーっ
あったコレだーっ
えーっ
小石がうずまいてこんなキレイな穴になるの？！
これぞ自然の神秘だねえー
これもそうじゃない？！
ポットホールはあちこちにあって探しながら岩畳を歩くのがとても楽しかったです！
さあいよいよライン下りだーっ
オーー！
乗った船はコチラ
わーーいワクワクするーー
船ひっくり返ったりしないよね…
ドキ
ドキ

川の流れが荒いと、頭から水をかぶります!
今日はたぶん大丈夫ですが
では出発しまーーっす
た…たぶん?
わーー
同じ関東圏とは思えないすばらしい自然!!
風をきって進むのが爽快!!
ヒョーー
しかし突然…
ビニールしっかりあげてくださーい!
えっ?!
…こ、こう?
船についてるビニール
ドパーーン
のわーーっ
流れの速いところではビニールで波をガードしないとビショぬれになります!!
なかなかのスリル!!
こういう急カーブも上手にくだっていく船頭さんの技術がスゴイ!!

野鳥にもあえました♡
いやー とっても 爽快で たのしかったね!!
船をおりたあと…
おお
トラックにつまれてスタート地点にもどるのか!
そっか、下るだけだもんね
そんな作業があることも知りました。
さて、そのあとは駅の方へもどり…
このへんもお店たくさんあるね
そこでみつけたのは
秩父プリ
しゃくし
秩父プリン
秩父プリンだって!!
うわーー
りんごにゆず、まっちゃにさくらんぼ・もも、マンゴー… 他にもいっぱい!!
悩んだ末さくらんぼとメープルをゲット!
秩父プリン
秩父プリン
かたさがあって私好み!! 味もしっかりさくらんぼ!!
濃厚だね!! メープルとプリンあうなーーっ

おみやげにいくつか買ってこー！
みためもかわいいしね！
そのあとさらに散歩を続けると…
こんなでっかい鳥居が!!
白い！めずらしい
ここ、宝登山《ほどさん》神社っていう神社の参道なんだ！
へー
奥宮が山の上にある神社らしいよ
じゃーいってみよー!!
少し歩くと境内に到着
そこに売店があります。
なにか食べよーっ
みそポテト…!?
ドン
さつま芋コロッケ 200円
当社ヤマブ味噌使用 ねぎ味噌コロッケ
味噌ポテト 200円
宝登山名物 黄金だんご お持ち帰り出来ます 300円
ねぎみそコロッケ…!
どっちもいただこう!!
ふんがーっ
どっちもイモ…

これがみそポテトとねぎみそコロッケ
いただきまーーっす
みそポテト、ホクホクのイモに甘辛のみそがマッチしてめちゃうまい!! ご当地の名物になるのもわかるわーーっ
ねぎみそコロッケもみそがしっかりきいてて、ピリ辛でおいしいっ!!
もうひとつ私が気になっているのが…
みそアイス!!
たしかに気になる!!
それがコチラ!!
じゃーん
んっ!!
ホントにみそ味!! みそのしょっぱさが最初にくるけど…
でも甘い!?
しょっぱいから甘さがひきたつ!! さわやかであきないし!!
塩キャラメル味みたいでクセになるーーっ
みそグルメを満喫したところで…
じゃ、神社を散歩してから宝登山にのぼってみよーー!
え、登山はムリ
つかれる
食うだけ食ってなんだそれは!!
少しは歩け!!
がーーん
次回は宝登山神社参拝からスタートです♥

第7章

秩父でみそグルメを味わう旅

エリア
埼玉県・秩父

後編

夫婦で秩父さんぽ
前回までのあらすじはっ
みそガレドッグうまーっ
みそポテトうまーっ
みそソフトうまーっ
こんなカンジ
いや食ってばっか!!
もっといろいろやってますけど?!
てことで後編は宝登山神社参拝からスタート!!
おー!
こちらが宝登山神社
日本武尊ゆかりの神社なんだって!!
へーー!!
全くわかってない
そして参拝……
♪~
そうそう、宝登山って「宝の山に登る」ってところから、金運UPのご利益もあるらしいよ!!
ゴーーッ
急に気合入ったな!!

よし、次は宝登山に登ろう!!
エーー
もう参拝したし行く必要なくない?!
ロープウェイがあるみたいよ
いきましょうか!!
こちらがロープウェイ
なんかレトロでかわいい!!
昔の人はここをいちいち登ってたなんて…大変だよね〜
少しは見習えよ
そして上からのながめがコチラ!!
決して高い山ではないけど、秩父の町が一望できます!!
うーーん気持ちがいい!
ラインくだりした川もみえるねーーっ
この先に神社の奥宮があるんだって
山道を少しお散歩…
そうそう、これうめ園だよ!

なになに?! 何がおいしいって?!
食い意地のスゴさが露呈
うめー じゃなく 梅……
そして奥宮にも白い鳥居が
かっこいいねー
ここの狛犬はオオカミなんだって!
は?!
ほんとだ…つよそう…!!
ズルくない?! ここだけオオカミだなんて
なんでズルいんだよ……
だって犬ってバカじゃん!!
おすわり!!
ピピッ
うちの犬だけな……
そんな感じでパワースポットめぐり…
1日目の散歩は終了
いつもならここから家に帰らなくちゃならないのに…
泊まり嬉しーねっ
ちなみに今回泊まった宿は荒川のすぐ裏でながめがとってもよかった!!

もちろん温泉もよかったし……
うぃ〜〜っ
晩ごはんはいのしし肉のボタン鍋!!
みそ味ベース♥
これが クセが全くなくて美味!!
お肉やわらか!! 合わせみその汁が絶妙ーっ
ここでもみそグルメが味わえるとは…!
しあわせ〜
骨まで食べられる岩魚もおいしかったです♥
そして2日目はあいにくの雨……
ザー
ラインくだり昨日やっといてよかった…!
雨だと町歩きも大変だなあ
どこかぬれないとこいこう
そこでむかったのは
橋立鍾乳洞
鍾乳洞があるみたい
いいね!! いってみよーっ
ガイド
いってみると
うぉーすごい断崖絶壁!!
石炭石でできた山なんだって〜
お堂があるけど、崖のふもとで景観がスゴイねーっ

入口はこっちか
鍾乳洞入口
ずいぶんくだるね…
そして急な階段を降りた先に…
えっもしやあれが入口…?
おんごい崖にポツリと入口が…
おばけやしきのスタートみたい
ちなみにこの鍾乳洞…竪穴式で、出口まではひたすら のぼってくらしいよ
今くだったぶん〜
なにぃっ
昨日山登りしないですんだのに結局のぼるのか…
よしレッツゴー!
いざ入ってみると
せ…せまいっ
かがまないと歩けないーっ
道はせまく、階段がとにかく急!!
ここのぼるの?!
これ…もうちょっと太ってたら通れないぞ…
ヒ〜
リュックもおろさないとムリ…

しかし立ちどまってよくみると、長年かけてつくられた石の形がなんとも神秘的!!
「仁王様の足」なんてのもある!
仁王様の足
楽しいけど……
つ…つかれる…
頭と背中ぶつけないように!!
あー足元に水たまりー!!
ヒーヒー言いながらやっとゴール!
いやー冒険したーってかんじ!!
軽い気持ちで入ったけど…
けっこうハードだったね〜
その鍾乳洞の近くにはこんなオシャレなカフェがあります!
ジュリンズジオさん
店内もこんなにオシャレ!!
私好みのステキな席で注文したのは…
ハイセンス♡
自家製プリン
じっくり時間をかけてつくるというスペシャルココア

そして
フルーツ
たっぷり
パンケーキ!!
この
プリン味が濃い!
卵の味がしっかりしてて
おいしいっ!!
パンケーキは中から
フルーツがたっぷり
でてくるーー!!
アイスとアツアツの生地が
マッチして どんどん
食べちゃうわーー
ハーー
ココアも
味わったことのない
深みがあってサイコー!
あの冒険した
あととは思えない
オシャレでおちついた
時間だねえーー
ほんと
ギャップがすごい
……
ゆっくりティータイムを
楽しんだあとは…
「ちちぶ銘仙館」
ていうところ
いってみよーか!
こちらには織物などの
伝統工芸品がたくさん
展示されています。
繭の展示も…
ここから糸が
つくられて着物に
なるってスゴイねー!
自由に試着
できる
銘仙羽織
もあって
これで
館内を歩く
こともできます。
わーー!!
銘仙館の目玉は体験工房!
★染織体験
★手織体験
★藍染体験
★裂織体験
★型染体験
いろいろ
できるんだね!!

私たちは今回型染めに挑戦♫まずは好きな型を選んで…
動物に植物にキャラクターものまでいろいろあるね!
それを、きんちゃくやトートバッグの上にのせ、筆で絵の具をポンポンとたたくようにのせていきます。
ポン
ポン
グラデーションをつけたりしながらていねいに…
なかなか味のある作品に!!
ダンナ作
私作
家でアイロンをあてると色落ちしなくなります。
私は小物入れとして愛用中♡
さー最後はやっぱりみそグルメでしめたいね!!
オー
ってことで西武秩父駅にもどって…
この大きい温泉施設のフードコートにいきました!!
祭の湯というだけあって館内は祭っぽさがスゴイ!
フードコートだからいろいろあるなー!!
わらじかつ
そば・うどん
まようねー

注文したのは…
やはりはずせないみそグルメ！みそぶた丼
秩父といえばコレ！ワラジかつ丼
そばも名物！てことで肉汁つけそば
ぶた肉がぶ厚いのにやわらか――いっ
みそ味がジューシーでごはんがすすむっ
これがうわさのワラジかつ!! 外はカリッと、でもお肉やわらかっ!! でっかいけどペロリといけちゃう!!
そばもコシがあっておいしい!!
あっちにジェラートあるし… たいやきもソフトクリームも… あー全部食べたい――っ
最後まで食欲旺盛な私たちでした。
ここの施設はおみやげコーナーも広くて充実!!
コスメやおふろ雑貨など娘たちが喜びそうなものがいっぱいでした!!
こんにゃく洗顔スポンジ♡
るす番の3人に買ってこー！
いやー(ラインくだりで)くだって(宝登山)のぼっていっぱい食べて…
めいっぱい楽しんだね!!
東京からそんなに遠くないのに見どころ満載でいいところだね!! 秩父♡
もっとゆっくりしてきてよかったのに…
あと3泊くらい
えっ…
娘たちも自由を楽しんだようでした…。
またそのうち夫婦で旅にでようと思います。

はみ出し埼玉

みそポテト、レシピ調べておうちでも作ってみました!!
いもとみそって合うんだねーー
おいしいーー
うんうん、この味だーーっ

エリアMAP

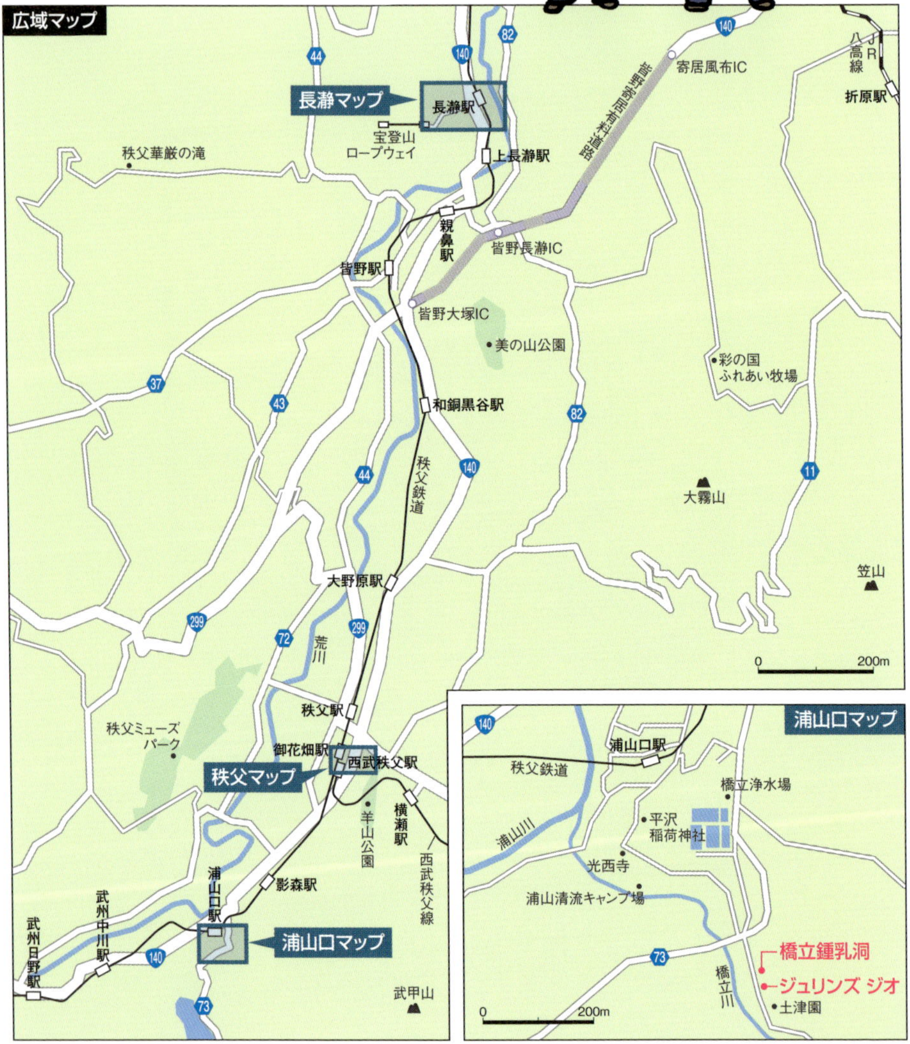
広域マップ
長瀞マップ
長瀞駅
宝登山
ロープウェイ
秩父華厳の滝
上長瀞駅
親鼻駅
皆野駅
皆野長瀞IC
皆野大塚IC
皆野寄居有料道路
寄居風布IC
JR八高線
折原駅
美の山公園
彩の国
ふれあい牧場
和銅黒谷駅
秩父鉄道
大霧山
笠山
大野原駅
荒川
秩父駅
秩父ミューズ
パーク
御花畑駅
西武秩父駅
秩父マップ
横瀬駅
羊山公園
西武秩父線
影森駅
浦山口駅
浦山口マップ
武州中川駅
武州日野駅
武甲山
140
82
44
37
43
299
72
11
73
0
200m
浦山口マップ
140
浦山口駅
秩父鉄道
橋立浄水場
平沢
稲荷神社
浦山川
光西寺
浦山清流キャンプ場
73
橋立鍾乳洞
ジュリンズ ジオ
橋立川
土津園
0
200m

埼玉・秩父

➡DATA

長瀞とガレ　埼玉県秩父郡長瀞町長瀞447

宝登山神社　埼玉県秩父郡長瀞町長瀞1828

橋立鍾乳洞　埼玉県秩父市上影森675

ジュリンズ ジオ　埼玉県秩父市上影森673-1（秩父巡礼札所 28番橋立堂境内）

ちちぶ銘仙館　埼玉県秩父市熊木町28-1

西武秩父駅前温泉 祭の湯　埼玉県秩父市野坂町1-16-15

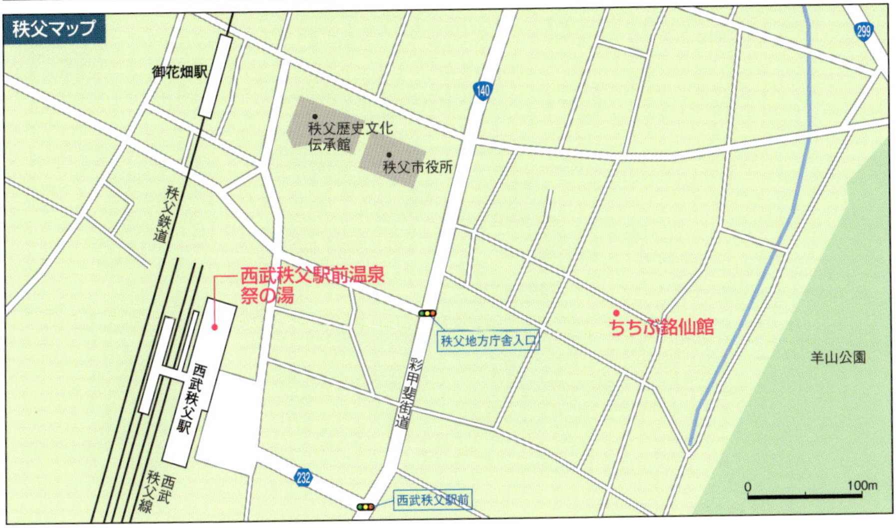

松本ぷりっつの
夫婦《めおと》漫才旅
ときどき3姉妹

第8章

都会の中のいやしスポットを求めて

エリア 東京都・多摩川

そろそろ次のおでかけに行きたいんだけど…
近場でいいところないかなーー!
オレはやっぱり自然がたくさんあるところでいやされたいっ
そりゃーオシャレな街でオシャレを満喫でしょっ
!?
ま逆だな…
うむ…
じゃあなたどっかの山にでも登ってたらいいじゃん、私は都会へいくから
「夫婦旅」の意味とは?!
てかオレは猿か?!
そーだっじゃあいいところがある!!
どこ?!
等々力《とどろき》!! すごく静かな渓谷があるんだ!! でも周辺はオシャレな街だよ!!
ほお〜っ
親せきの家が等々力だったから、小さい頃よく行ったんだーー
いいねいいね じゃそこにしよっ
よーし今回のテーマは「都会の中のいやしスポットを求めて」!! これでいこーーっ
お!ーーっ

というわけで
等々力駅からスタート!!
よーし
じゃあ
まず〜
等々力駅 北口
あさごはんだな
いきなり
かーーいっ
PIER'S CAFE
BAKERY CAFE
TAKEOUT OK!
MORNING SET
こちらのピアーズカフェさんは
駅の目の前にあるオシャレなお店!!
パンもいろいろ
あっておいしそーっ
SET DRINK
えっ
MORNING SET
¥380
好きなパン + ドリンク + サラダ
モーニングセット…
リーズナブル!!
朝ごはんに
ちょうどいいメニューで
嬉しい!!
ダンナはパリパリ!
マルゲリータ
ちなみにパンが
2コ選べる
ブレッドセット
(650円)もあります。
私は
Pier's ロール
エビマヨ
パンが
あったかくて
おいしーーっ
生地が
サクサク!!

いきなりくつろいじゃうと歩くのめんどくさくなるね――
このままここにいようか
…オイ
お腹も満たされたのでめんどくさがらずにスタート!!
じゃさっそく渓谷にいってみよーっ
お～～
渓谷は駅からすぐ!!
Todoroki Valley Entrance
もうついた!
ふぉーー いきなりのいやしスポット!!
さっきまで電車や車の音とか人の声でにぎやかだったのに…
ふしぎなくらい静か…!!
ピピピ…
チチチ
鳥の声しかきこえないなんてきもちいいねーっ
しかも水がすごく澄んでいる～っ!!
緑がうつってキレイー
駅も大きい道路も近いのにこの静けさ…
都会の貴重な自然だねーー清々しい!!

この先に不動の滝っていう滝もあるらしいよ
へえ!! いってみよう
あのへんかなー?
渓谷の奥の方へ行くと稲荷堂があり…
南無不動明王
その横に…
ちょろろろー
た…… たき……?
しょぼくない…?
この滝、昔は水量もとても多かったらしいです。その水が流れる音が大きく轟いていたので地名が「等々力」になったという説も!!
でも今じゃただのヨダレじゃん
ちょろろー
パワースポットで失礼なこというな
そんなカンジでさわやかな渓谷の散歩を楽しみつつ…
この近くに古墳があるんだよ
古墳?!
そこからすぐの野毛町公園というところにいってみると…
玉川野毛町公園
(野毛大塚古墳)
ここか!
おーー でかいっ!!

すごい立派な前方後円墳!!
教科書で習ったやつ!!
ドローンで撮影したいっ
この付近には他にも古墳が点在してるみたいよ
そーいう文化財はずっと残っていくといいね!
そのあと駅の方に戻り…
休憩しよっスイーツとか食べたいっ
このへんにカフェあるかなーーっ
うろうろ歩いていてみつけたのが…
なんか人が並んでるけど…
中をのぞくと…
パティシエさんがいっぱい…ケーキも!!
カフェみたいだね~!
並んでみよっか!!
こちらは「パティスリーアサコイワヤナギ」
行列のできる人気のパティスリーで…
30分ほど並んだ
ズラリとおいしそうなケーキも並んでいるんだけど…
オススメはパフェです
2種類あります
季節ごとに変わるパフェが有名なお店なのです!!
どれどれ…

さっ……
さんぜん
にひゃくえん…
パフェ……ですよね
……
SPECIALITE
パルフェビジューロゼ 3,200
PARFAIT
パルフェジャポネ 2,700
しかし
お客さんは
ほぼ全員
同じパフェ
ホホホホ
世田谷
マダム
おそるべし
……!!
ここで
われわれも
平常心をよそおって
パフェを注文
ホホホ
1種類ずつ
いただくわ
店内はスタイリッシュでオシャレ♡
工房がガラスばりで、作っているところが見られるのも楽しい!!
はいっ
そしてコチラが
大人気のパフェ!!
みたらわかるたっかいやつやん!!
パルフェビジューロゼ
パルフェジャポネ
パルフェビジューロゼに入っているものが
マスカルポーネジェラート
白いちご
イチゴのローズオイルマリネ
ローズとベリーのコンポート
ローズヒップジュレ
フロマージュのブランクリーム
その他イロイロ
なにやら
豪華
すぎるっ
しかしそれが
全ておいしくて
まざりあっても
さらにおいしくて…
こ…これは
究極のパフェだっっ!!
ふんがーっ
ダンナが注文した
パルフェジャポネには
しょうゆジェラートとか
青山椒の実とか
変わり種が入って
いるのに…
柑橘と和の甘みが
マッチして絶妙にうまいっ!!

けっこうなボリュームがあるのに
おいしすぎて あっというまに 完食!!
最後の最後まで 全部 おいしかった〜
絶品パフェで 感動したあとは…
食べた分 少し 歩こう!
二子玉川へむかいつつ 多摩川ぞいをお散歩
川ぞいも 都会のオアシスって カンジだよね
その途中で 謎のライオンを発見
なに アイツ
インスタ映え スポットかな
ぜったいちがうだろ
撮るけど
そして 人気スポット 二子玉川ライズに 到着!!
オシャレ マダムが あふれてる
なんとそこに スケートリンク発見!!
エーーッ すべろ すべろーっ
ふぉお 久しぶりで コワイ…
へっぴり腰 になって ますよ
スイー
スケート 得意
あれつかえば いいじゃん
子どもの 練習用
やだよ ハズカシイ!!

なんだかんだでめいっぱい楽しみました。
いい運動にもなった!!
つつつ
そしてライズでも人気の「100本のスプーン」へ♥
ベビーカーママたちがめっちゃ並んでる
それもそのハズ
こーんな手のこんだ離乳食を無料で提供してくれるんです!!
私たちが注文したのは「大人のお子さまランチ リトルビッグプレート」!!
カレードリアにハンバーグにスープにポテト…いろいろ食べられて嬉しい!!
オシャレなだけじゃなくて全部おいしいねっ
大人も子どもも大満足できるステキなお店でした。
ドリンクもオシャレ
さいごにおとなりの自由が丘にいきたーいっ
雑貨屋さんとかみたいなぁ♥
うふふ
女子か!
いや女子だわ

二子玉から電車で少し戻って、女子が大好き自由が丘へいってきました!!
つい寄りたくなる個性的な雑貨屋やカフェがいっぱい!!
歩いているだけでたのしーっ
女子だから
くわっ
わかったわかった
なんかいいおみやげ買って帰りたいなー
自分にも子どもにも♪
そうねー
私たちが寄ったのは駅からすぐの商業施設「トレインチ」の中にある「コレパン」さん。
コレパン
日本各地のこだわり雑貨がいっぱいあります。
そこで目をひいたのが
もんぺ…!!
店員さん
私も今はいてますよ
かわいいっ!!
意外や意外もんぺってすごくオシャレに着こなせる!!
久留米織のもんぺは柄もいろいろあって
うわーラクだしかわいいしきもちいい!!
はきごこちがすごくいいっ!!
(試着中)
ダンナと1本ずつ購入しました!!

子どもたちにはこちらのピアス&イヤリング。
会津地方の伝統工芸会津木綿を使ったデザインなんだそう!!
めずらしいものが買えてよかったー
そうだね!!
そしてまたしばらく自由が丘のステキな街並を歩いていたところ…
その中にたたずむとても風情のある古民家カフェを発見!!
えっこれカフェ?!
なつかしいおばあちゃんの家にきたような気分になるこの趣…
おちつきます…!!
目の前は外国みたいなフンイキだったのに!!
まさに都会のいやしだね!!
大変おいしい抹茶ぜんざいでホッコリしたひとときをすごしました♡
オシャレな都会もいやしもどちらも楽しめていい一日だったー!!
うんうん
おみやげは大好評!!
よかったよかった
こーいうのほしかったの!!
かわいいっ
2人は戦時中をなつかしんでそれ買ったの?
戦時中は生きてないっっ
にあうね
…とかなんとか言われましたが、もんぺ大活躍中です♪

エリア MAP

広域マップ
駒沢通り
416
246
466
玉川通り
東急田園都市線
環八通り
312
目黒通り
426
自由通り
東急東横線
二子玉川駅
上野毛駅
東急大井町線
等々力マップ
自由が丘マップ
自由が丘駅
二子玉川マップ
玉川IC
等々力駅
等々力渓谷
尾山台駅
九品仏駅
東急目黒線
奥沢駅
二子新地駅
多摩川
第三京浜
311
環八通り
409
0
500m

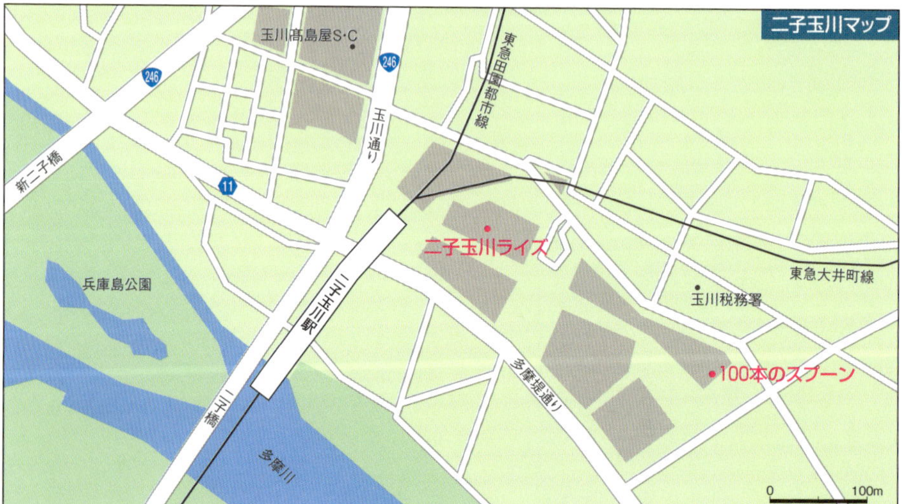

二子玉川マップ
玉川髙島屋S･C
246
246
東急田園都市線
玉川通り
新二子橋
11
二子玉川ライズ
東急大井町線
兵庫島公園
玉川税務署
二子玉川駅
多摩堤通り
100本のスプーン
二子橋
多摩川
0
100m

東京・多摩川

➡DATA

ピアーズカフェ 等々力
東京都世田谷区等々力3-5-3 宮崎IMビル 1F

等々力渓谷公園　東京都世田谷区等々力1-22、2-37～38外

玉川野毛町公園（野毛大塚古墳）　東京都世田谷区野毛1-25-1

パティスリー アサコ イワヤナギ　東京都世田谷区等々力4-4-5

二子玉川ライズ　東京都世田谷区玉川2-21-1

100本のスプーン
東京都世田谷区玉川1-14-1 二子玉川ライズS.C.
テラスマーケット 2F

コレパン＋絹屋 トレインチ自由が丘店
東京都世田谷区奥沢5-42-3

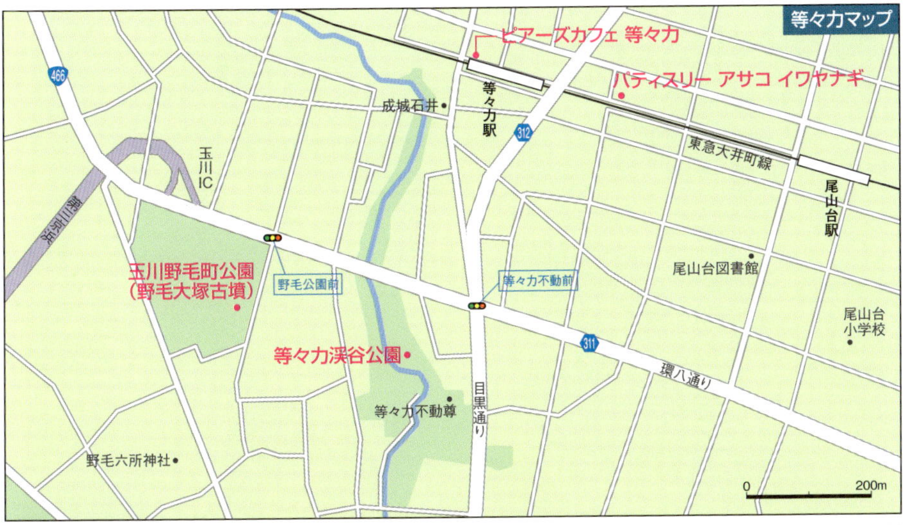

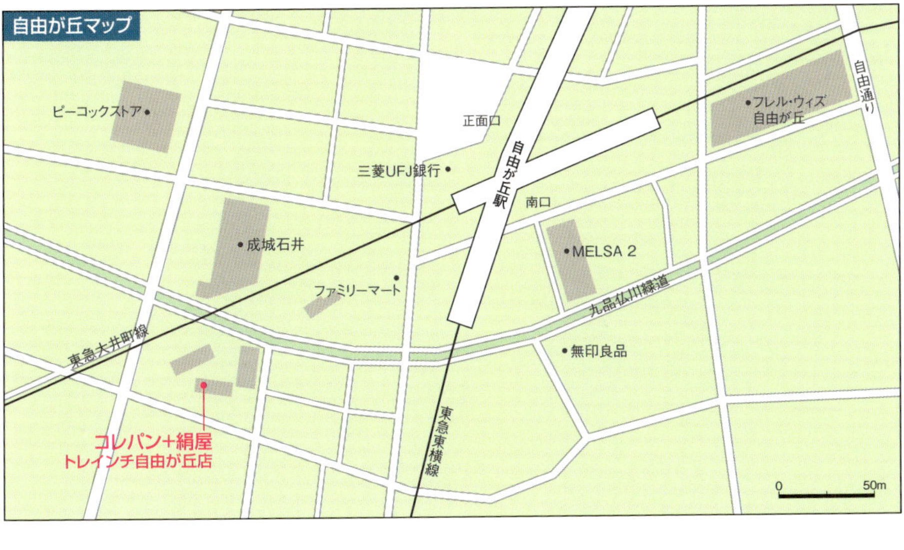

ぷ

はみ出し多摩川

外食するたびに…
…このステーキセットより高かったのかあのパフェ…
……
それだけおいしかったんだからいーじゃん
パフェの値段を思い出す(笑)

第9章

家族で館山の自然にふれる旅

エリア
千葉県・館山

前編

家族全員が休みのお正月ーーっ
これはみんなででかけるしかなーっ!!
やったーー♫
どこいこうか!!
房総とかどうかなーーっ
うふー
暴走?! それははしゃぎすぎじゃなーい?!
そのぼうそうじゃないっ
大人なんだし…
千葉の館山とかねっ
行ったことないもんなーー
館山って何があるの?
海も近いし自然もいっぱいだよ!!
では今回は「家族で館山の自然にふれる旅」!!
コレでいこう!!
おーーー!
てことでお正月早々出発!!
いつもは電車が多いわが家ですが、今回は車でGO!!
ふつうは東京から2時間くらい走るんだけど…
東京
館山

今回はなんと!!
カーフェリーに乗っていきまーす!!
カーフェリーって?
この車ごと船に乗っちゃうんだよ
えーー船に申しわけなくない?! こんな重いの…
てか沈まない?!
大丈夫です
横須賀からカーフェリーで40分ほどで海を渡るよっ
おーっここがカーフェリーのりばかーっ
わくわく
東京湾フェリー
車のまま乗船ってなんか楽しいねーっ
船内の駐車場に車をとめたら客室へ。
わーー広いっ
売店もあるしのんびりできそうな座席もいっぱい!
40分しか乗らないなんて残念なカンジ~
ここから外に出られるよーー
いこーいこーー

わー 海のにおい!!
富士山もみえるーっ
カモメさんもいっぱい!!
ちょっと寒いけど…
めっちゃきもちいいーっ
寒いので中でくつろぐ
カーフェリーってこんなにくつろげるのね〜
だらだら
まもなく金谷港に到着します
ま…まじであっというま
もっと乗っていたい…!
少しの間でしたが初めてのカーフェリーを楽しみました。そして館山めぐりへ出発ー!
よーっしいくぞーーっ
最初にむかったのは金谷港からすぐの鋸山《のこぎりやま》
山頂近くの駐車場に車をとめて…
ここから歩いていくよ
この入口からスタート!!
地獄のぞき…?なんかすごそう
日本一の磨崖大仏
地獄のぞき
少し歩くとすぐ山頂でした♡
鋸山山頂
標高329m
山頂駅 日本寺
ラクラクー!

わー ながめが最高!!
山頂には売店があって……
鋸山名物
山頂駅売店
地獄まん
地獄を覗き、地獄を味わう
もんじゃ入り
地獄アイス
塩ミルク
地獄まん……だと…?!
地獄アイスもあるって——
さっそく休憩!!
食べよ食べよ!!
これが地獄まん
まっくろ…
中には甘辛のもんじゃが!!
トロトロホカホカ~
ぴりっとしていておいしい!!
そして地獄アイスがこちら
これまたすごい見た目
ん——!味はバニラ!! すっごく濃厚でおいしいわ——っ
みんなも食べてみ!!
ニカッ
おはぐろ——っ

みんなで
おはぐろ写真
などを撮って
楽しみました。
ギャハハハ
はいチーズ!!
にっか——
じゃあ次は
地獄のぞきに
いってみよ——!
おー
山頂から少し
歩いたところに…
うおー
あれが
地獄のぞき?!
高いところ
こわいなー
ぞーー
ひー
コワイ
コワイ
となりの
崖もスゴイ迫力!!
鋸山は、昔
石切り場として栄えて
いたから、こういう
切り立った崖が
たくさんあるんだって!!
へえ〜
その地獄のぞきの下にも
切り立った壁で
かこまれた場所が
あり…
なんか
神秘的ね

そこにあったのは石を切り出した壁に掘られた観音様!!
でっかー!
30メートルあるんだよ
ひえーー
交通の安全を守るんだって!!
じゃあ帰りも安全運転で…
そしてそのあと山道を歩き…
けっこう急でハード…
がんばれ~
ヒーヒー
ズラリと並ぶ石仏を発見!!
なんだコリャー!
全部で千五百体くらいあるんだってさー
圧巻だね!!
アイーンもいるし
どんだけ~もいる
子どもたちは大ウケでした。
キャハハ
その後大仏までの道のりがとても長そうだったので、大仏入口まで車で移動
たすかった…
車をおりてすぐには大仏がみえなかったのですが…
どこかな?大仏

あ、あそこ!!
みえたーー
大仏のイボイボ!!
イボイボって言い方やだな…
こちらが日本寺の大仏様!!
日本一大きいんだってさ〜
たしかにイボもでかい
そこにもなんかあるけど…
ゴミにうもれてない?
コレ、ゴミじゃなくて小さいお地蔵さまだーっ!!
コレ全部?!
この「おねがい地蔵」は小さいお地蔵様に自分の名前をかいてお願い事をしながら奉納すると願いが叶うのだそう♡
さっそくわれわれも…
コイツかわいいね! あそこに捨てるのもったいないわ
捨てるんじゃねーぞ
みんなでお願い事をしました

さよなら ティモーヌ!!
名前 つけるな
みんな なに お願いしたの?
家族の健康!!
家族の しあわせだな
私も 家族が事故に あわないようにって
チーは?
ドラクエ ビルダーズ (ゲームソフト) くださいって!!
ドーン
自己中…!!
てかサンタさん じゃねーぞ
さー そろそろ お腹へったね!!
駅の方 いってみようか
館山駅周辺で おいしいものさがし
でも 平日だから お休みしてる 店が多いなー
あそこは?
駅にあったこちらの食堂は
めずらしいくじら料理が食べられるお店!!
お弁当メニ
TVで紹介されました
幻の駅弁
くじら弁当 ¥1000
駅弁番付けで横綱に選ばれました。
くじら 弁当だって
くじらって 学校の給食で 食べたなー
入ってみよー!!
なつかしい♪
こちらが 幻の駅弁 くじら弁当!!

この大和煮 やわらかーーいっ しょうがも きいてて全く クセがない!!
そぼろも みそ風味で ごはんに合うーー!!
ダンナは こちらの くじらカレー
くじらって やわらかくて おいしいんだね〜
これで 栄養満点 なんて 嬉しいねっ!!
お腹も満たされたので 軽くドライブしながら…
おいしかったーー
ダンナが みつけた 城山公園
ここに 城があるハズ なんだっ!!
わくわくっ
城ダイスキ →
スタタ ーーッ
ガーーン
えっ あんな高い ところに…?!
いきたいけど…
山のぼりは もう カンベンな…
じろーー
てことでお城は 下からながめる だけにして、 公園内にあった 「里見茶屋」 さんへ
だんごだんごーー 城よりだんごっ!!

こちらのだんご、とにかくあんの種類が豊富!!
ねぎみそ
くろみつ
スイートポテト
りんご
ずんだ
ピーナツ
くるみ
他にもいーっぱい
迷ったので「八犬士だんご」という8本セットのおだんごを注文
注文してから作ってくださるのでとにかくやわらか!!
どの味もおいしーっ
みんなでペロリと食べちゃいました。
デザートを楽しんだあとは本日最後のお散歩へ
近くの海岸にいってみよっか
OK!
こちらは沖ノ島!
日の暮れかけた海岸をみんなで歩きました。
いや……歩いてないか…
全員もくもくと貝がら集め
ここって、イルカの耳の骨がみつかるらしいよ
エーーッ?!
イルカに耳ってあったっけ……
そこ?!
じゃさがそう!!
どんな形かわかんないけどな…

こ…これじゃない?!
いや…コレはぶたの鼻だ!!
…などと親がアホなことを言っている間に娘たちはたくさん貝を集めて満足しておりました。
海にしずむ夕日はとってもキレイだったなぁ〜…
今日一日、めいっぱい遊んだねー!!
ってことで宿へ!!
宿の料理は舟盛りつきのバイキングで…
磯料理食べまくり!!
これまた大満足♡♡
はーたべたたべたっ
2キロくらい太ったねお母さん
しっ
明日は、動物とのふれあいがメインだぞーっ
動物大好きー!
やったーー
よーし動物とふれあって2キロやせるぞーー!!
やせるか?!!
後半も館山でめいっぱい遊びます!! つづく♡

千葉・館山①

エリアMAP

➡DATA

海ほたる　千葉県木更津市中島地先海ほたる

鋸山　千葉県安房郡鋸南町鋸山

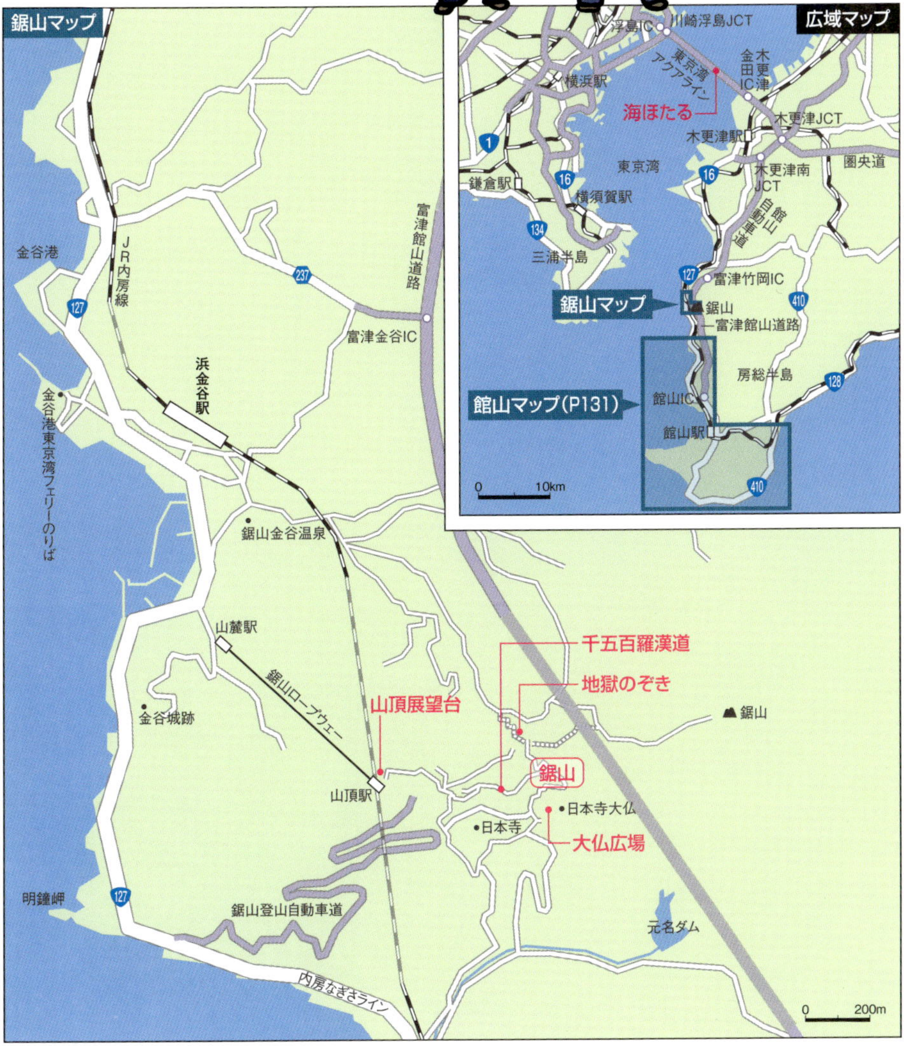

鋸山マップ
金谷港
JR内房線
富津館山道路
237
127
富津金谷IC
浜金谷駅
金谷港東京湾フェリーのりば
鋸山金谷温泉
山麓駅
鋸山ロープウェー
金谷城跡
山頂展望台
千五百羅漢道
地獄のぞき
鋸山
鋸山
山頂駅
日本寺大仏
日本寺
大仏広場
明鐘岬
鋸山登山自動車道
元名ダム
内房なぎさライン
0
200m
広域マップ
浮島IC
川崎浮島JCT
東京湾アクアライン
横浜駅
金田IC
木更津
海ほたる
木更津JCT
木更津駅
圏央道
東京湾
木更津南JCT
鎌倉駅
横須賀駅
館山自動車道
三浦半島
1
16
134
127
410
128
富津竹岡IC
鋸山マップ
鋸山
富津館山道路
房総半島
館山IC
館山マップ(P131)
館山駅
0
10km

松本ぷりっつの
夫婦《めおと》漫才旅
ときどき3姉妹

第10章

家族で館山の自然にふれる旅

後編

エリア 千葉県・館山

「家族で館山の自然にふれる旅」2日目!!
いい天気でうれしーーっ
今日は馬に乗るぞーっ
エーーーッ
残念ながら子どもだけなんだけど〜…
あら
そっかお母さん重いもんね
ちがうぞオイ
馬が3頭しかいないからなんだ
お母さんが重いのは確かだけど
コラ
さっそく「ホーストレッキングパーク館山」さんへ!!
馬いたーーっ
最初はちょっとビビっていた娘たちですが…
大きいな〜
ハナのあたりなでてごらん
そーー
かわいい
おとなしいね
すぐに慣れました

お姉ちゃんは この馬ね
それぞれ 乗る馬を 決め……
かわいい よろしくね
ズボンにはきかえ ヘルメットや ひざあてを つけて……
ドキドキ してきたーーっ
ふみ台を つかって いざ 騎乗!!
よいしょっ
わーー 高いっっ
ヒーーッ ひっぱる力が 強いっっ!!
ギュン
たづなは ギュッとひいてーー
止める時や 向き変える時 に大事だよ
はーーい
あーー お花 食べさせ ないでーー
いうこと きかない~~
ムシャ ムシャ
進む時は 足で お腹をギュッと はさんで!
ハーイ
馬の力の強さ にあたふた しながらも 基本的なこと を習い……
ぐーっ
はい 右に向き 変えて
どう どう

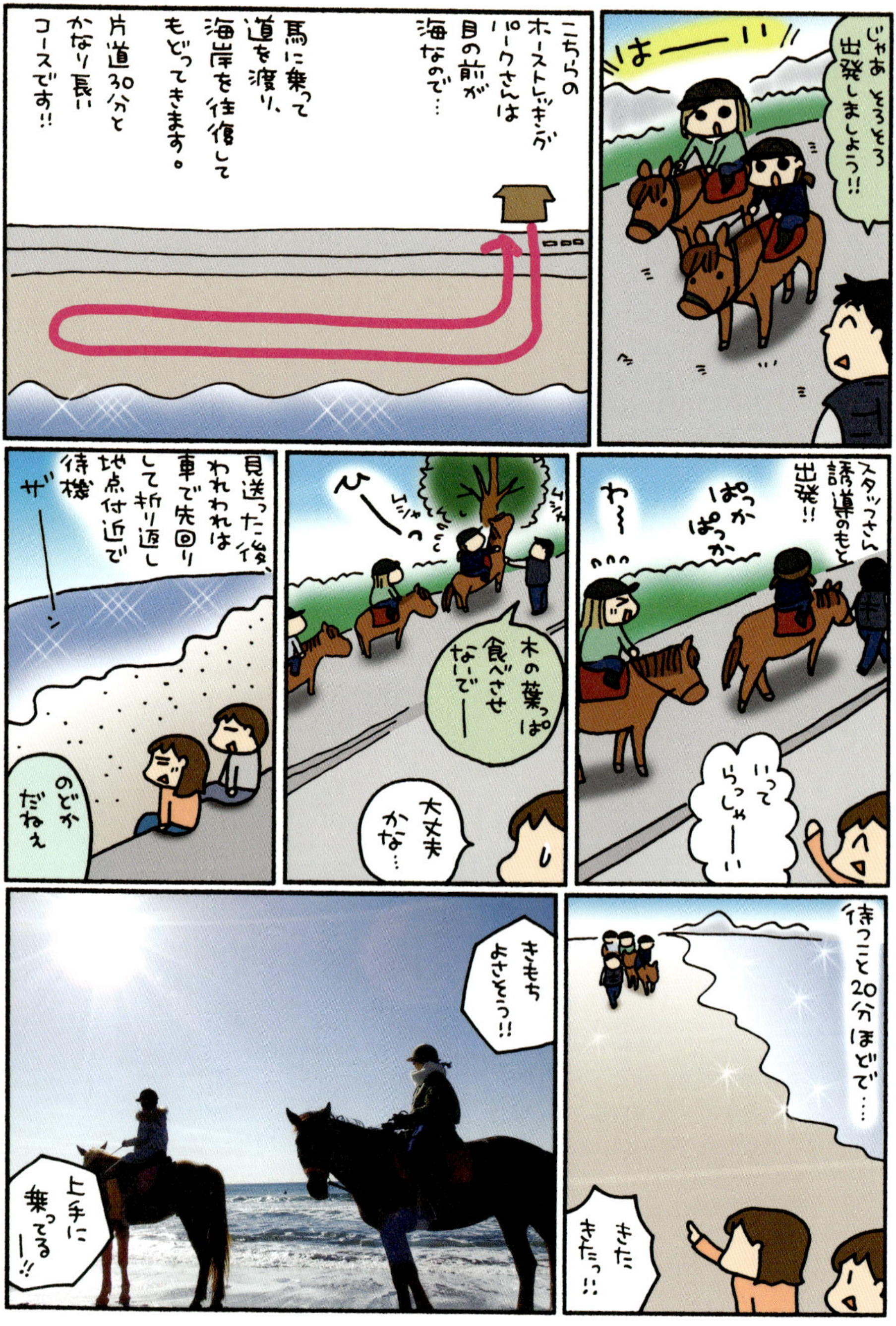
じゃあ そろそろ出発しましょう!!
はーーーッ
こちらのホーストレッキングパークさんは目の前が海なので…
馬に乗って道を渡り、海岸を往復してもどってきます。
片道30分とかなり長いコースです!!
スタッフさん誘導のもと出発!!
ぱっかぱっか
わ～
いってらっしゃーーい
ひーーっ
ムシャ
ムシャ
木の葉っぱ食べさせないでーー
大丈夫かな…
見送った後、われわれは車で先回りして折り返し地点付近で待機
ザーーーン
のどかだねえ
待つこと20分ほどで…
きたきたっ!!
きもちよさそう!!
上手に乗ってるーー!!

やっほー
すっかり慣れてリラックスして楽しんでいました!!
これはいい思い出になるねーーっ
うんうん
そして厩舎に無事もどり…
ただいまーっ
ありがとーまたね!!
お馬さんたちとお別れしました。
馬で移動ハマるわーーっ
うちでも飼いたい
車のかわりに♡
かわいいし♡
?!
そのあとは…
おひるごはんだーっ
はーい
行ったのは、
ながめがサイコーのレストラン「だいぼ」さん!!
海の幸をつかったメニューが豊富すぎーっ
迷いながら決めたのは……
だいぼ名物定置網丼

新鮮なおさしみがたっぷり!!
いろんなお魚が食べられていいねーっ
最後におだしをかけてお茶づけ…
コレもしあわせー♡
ダンナはふんぱつして…
伊勢エビお造り
そしてかきあげ丼
私は伊勢エビカレー
エビはやっぱり正義!!
うまーっ♡
カレーの味もトマトがきいてて本格的だわー
そして伊勢エビとあうーー!!
どの料理もおいしくて大満足でしたっ!!
はーおいしかった
腹ごしらえしたあとはアロハガーデンというところに行きました。

やしのき いっぱい!!
めっちゃ南国っぽい
ALOHA
温室もたくさんあっていろいろな南国の植物がみられます。
あれ食べられるのカナー…
フラダンスのショーなどもあり、気分はハワイアン!!
ここ、動物広場もあるんだよ
えーっ はやく行こうっ
ほんとだー! カピバラ!! ウサギも!!
かわいーっ
係員かと思いきやフツーの人
キャー
えっ…
エーーッ 入っていいの?!
そうみたいだねー
そう、ここは自由に中に入れるふれあいコーナー
やったー!!
ヤギやウサギをなでたり
エサもあげられる♫

なんといっても かわいいのは カピバラ
座っているとヒザに手をのせてきたりする!!
人なつっこくて犬みたい!!
カラフルな とりさんが いっぱいの コーナーも
ジュース プレゼントだって やってみたい!!
ヒインコに ジュース プレゼント
100円
これを持ってください
ジュースが入ってる
わー
パサパサー
持ったとたんにジュースをのみに とりが集まり…
あっというまに とりまみれ(笑)
うでにも肩にもーっ
あ…フン…
フンもつきましたが なかなかできない体験でした
ガーン
ヤギたちにもエサやりできます。
すごい待ってるなー

人気のカワウソの餌付け体験もできるとのことでしたが…
え〜っ エサやりできるの?! やろうやろう
カワウソおやつ 1回100円
エサは小さい魚……
これを…
上からひっくり返すだけ(笑)
パシャー
思ってたのとちょっとちがった…
まあまあカワウソ喜んでたし……
とにかくたくさんのかわいい動物とふれあい、いやされました!!
園内をフツーにヤギが歩いてるところがスゴイ(笑)
最後にいったのは「館山ファミリーパーク」!!
館山ファミリーパー
ハーバリウムづくりができるんだよ!!
ハーバリウムって??
ドライフラワーをつかったインテリア雑貨だよ!
すっごくキレイなの
へーっ やりたーい
体験コーナーにはたくさんのドライフラワーがあってそれだけでワクワクするカンジ♫
かわいいドライフラワーがいっぱい

まずは好きな形のビンを選んで…
好きなドライフラワーを入れていきます。
全部かわいくて迷うなー
スーは青系にしよっ
私オレンジ
あー、この花こっち向けたかったのにーーっ
あら下に全部おちちゃった
花の形にこだわるとなかなかむずかしい…
スー、入れすぎじゃない?
かわいくてつい…
パン
パン
ドライフラワーを入れおわったら、オイルを流し入れます。
あーオイルで花がずれた
ここでまたいろいろ予定外のことがおこりますが…
あー花が浮いちゃった
完成はこんなにキレイ!!

きれいーっ
売れるよね コレ!!
感動!!
お店でよくみるっ!!
ステキなおみやげもできたところで次は外へ出て…
パターゴルフやろうーっ
やったー!!
コースは8つほどあってなかなかの広さ!!
カーン
てかなにそのフォーム
どこに打ってんの
コーン
強すぎ強すぎ
ヘタクソすぎて大笑い!!
ズズズズ
いやホッケーか!!
海のみえる広々とした芝生の上でめいっぱい遊びつくしました。
いやー館山サイコーだったね!!
海と緑とお花もキレイで
馬が楽しかったなあー
チーは動物たちがかわいかった!!

帰りは せっかくなので 「海ほたる」に 寄ることに!!
ゴーゴー!!
初めての 海ほたるに 娘たちは大興奮
海の上に あるんだ〜っ
スゴイ
そこのフードコートで
とんぎゅう丼や…
炙り金目鯛の塩ラーメンなど…
おいしいグルメも楽しみました。
そしてサイコーに美しい夕日が…
キレイ!!
初日の出は おがめなかったから
この夕日に おがんでおこう!!
これで 今年も いい1年に なるハズ!!
そーだね!!
じゃ今年はきっとディズニーに 5回くらい行けるんだ
ハワイ行けるかも
お母さんは やせる
勝手な予想 やめてくれる
よい1年に なることを期待 しつつ、
今回はこのへんで♥

エリアMAP

千葉・館山②

➡DATA

城山公園　千葉県館山市館山362
里見茶屋　千葉県館山市館山236 城山公園内
沖ノ島　千葉県館山市富士見付近
喫茶マリン　千葉県館山市北条1884
ホーストレッキングパーク館山　千葉県館山市犬石1886-1
漁港食堂だいぼ　千葉県館山市伊戸963-1
アロハガーデンたてやま　千葉県館山市藤原1497
館山ファミリーパーク　千葉県館山市布沼1210

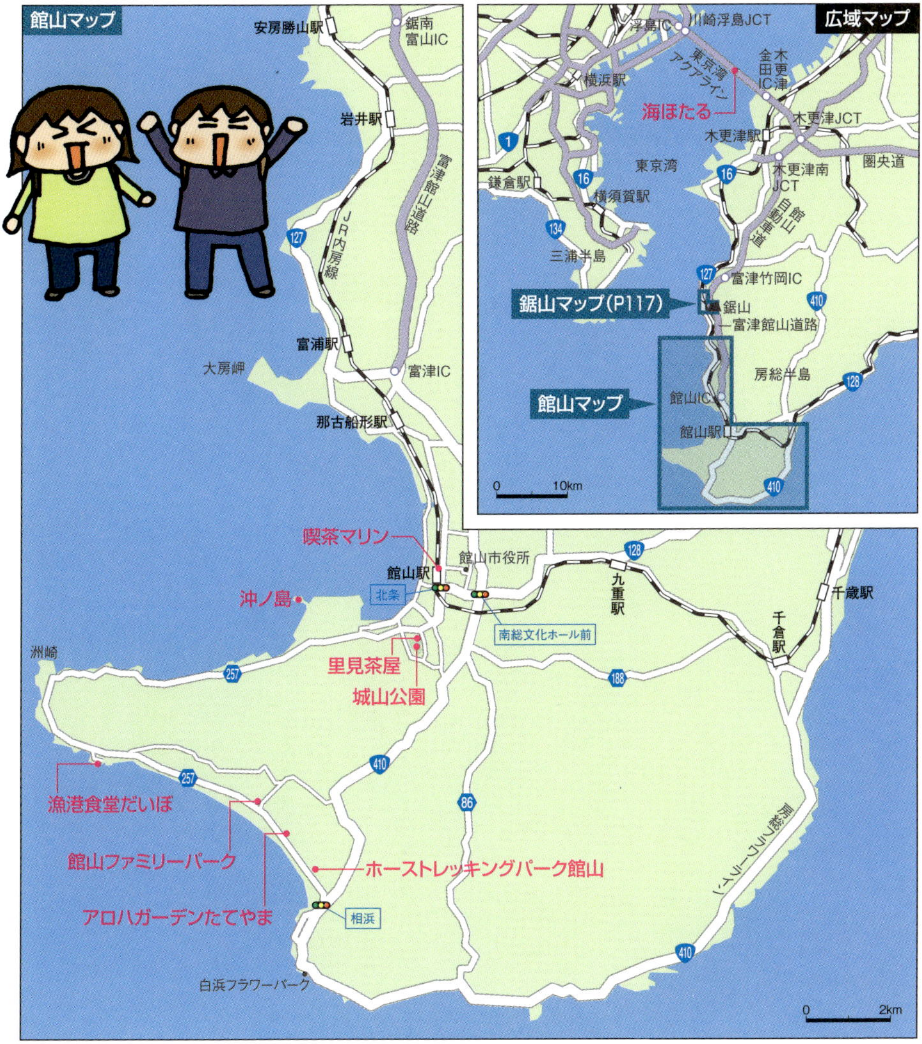

館山マップ
安房勝山駅
鋸南富山IC
岩井駅
富津館山道路
JR内房線
127
富浦駅
大房岬
富津IC
那古船形駅
喫茶マリン
館山駅
館山市役所
沖ノ島
北条
南総文化ホール前
128
九重駅
千歳駅
千倉駅
洲崎
257
里見茶屋
城山公園
188
410
漁港食堂だいぼ
86
館山ファミリーパーク
ホーストレッキングパーク館山
房総フラワーライン
アロハガーデンたてやま
相浜
白浜フラワーパーク
0
2km
広域マップ
浮島IC
川崎浮島JCT
東京湾アクアライン
横浜駅
木更津金田IC
海ほたる
木更津JCT
木更津駅
1
東京湾
木更津南JCT
圏央道
16
鎌倉駅
横須賀駅
館山自動車道
134
三浦半島
富津竹岡IC
鋸山マップ(P117)
鋸山
富津館山道路
房総半島
館山マップ
館山IC
10km

はみ出し館山

松本ぷりっつの
夫婦《めおと》漫才旅
ときどき3姉妹

逆引きINDEX

東京都・浅草 … p007

テーマは「日本の魅力再発見」。
浅草寺～仲見世で
まんぷく散歩＆花やしきで大騒ぎ！

千葉県・館山

前編 … p105　後編 … p119

テーマは
「家族で館山の自然にふれる旅」。
海岸沿いで乗馬体験、
新鮮な海の幸をどんぶりで

東京都・多摩川 … p091

テーマは
「都会の中のいやしスポットを求めて」。
都心の古墳にびっくり、
セレブなパフェに衝撃！

長野県・松本

前編…p043　後編…p053

テーマは「雨予報ニモ負ケズ!!
夏の信州で自然と歴史を満喫!!」。
上高地の絶景に感動＆
松本城周辺で歴史散策

埼玉県・秩父

前編…p067　後編…p077

テーマは
「秩父でみそグルメを味わう旅」
ポテトにぶた丼、ガレットに
アイス…まだまだ食べる！

神奈川県・湯河原

前編…p019　後編…p031

テーマは「つくって食べていやされる」。
湯河原で和菓子づくりから
ご当地グルメまで満喫

あとがき

最後まで読んでいただき、ありがとうございました！
前作『うまいもの散歩』は、とにかくおいしいものを食べ歩く、
というコンセプトでしたが、今回はまず旅のテーマを決めて、
それにそっていろいろな発見、体験を楽しんでいこう！
という内容になっています。…といいながら
結局うまいものを食べまくってばかりだった気もしますが…（笑）。
その街にしかない歴史情緒や魅力が、
うまくみなさんに伝わればいいなあと思っています。
家族みんなででかけられる時間も減ってくるだろう…と思いきや、
意外と子どもたちが大きくなってからのほうが
スケジュールがあわせやすいようで、
今回は湯河原、松本、館山への旅行を満喫することができました。
一番思い出に残っているところを聞くと、口をそろえて「上高地」と。
ものを作ったり動物とふれあえたことももちろん楽しかったけれど、
あの自然の美しさが心に残っているんだそうです。

ああ、子どもたちもやっと、「大人の旅の楽しみ方」が
できるようになってきたのかな～なんて感慨深くなりました。
これからもまた、同じ感動を共有できる旅を楽しんでいきたいですね。
そして今回つけていただいたタイトル「夫婦漫才」。
全然、漫才をしているつもりはないのですが(笑)、
私たちのなんてことない会話で楽しんでいただけるなら、
とてもうれしいです。
年をとっても、ボケてツッコんで
笑い合える夫婦でいられるよう、
たくさん語り合って過ごしていきたいです。
そしてまたみなさんにそんな夫婦漫才を
おとどけできたらいいな、と思っております！

松本ぷりっつ

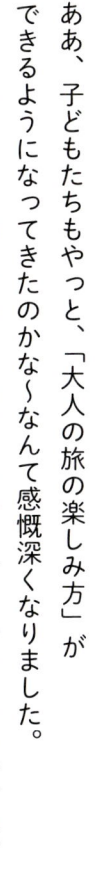

Staff

ブックデザイン　千葉慈子(あんバターオフィス)

DTP　木蔭屋

校正　齋木恵津子

編集長　山﨑 旬

編集担当　白川恵吾、因田亜希子

MAP制作　倉本るみ

初出

本書は「松本ぷりっつの夫婦漫才旅ときどき3姉妹」（「コミックエッセイ劇場」2018年9月〜2019年3月）の内容を改定し、描き下ろしを加えたものです。

※情報はすべて旅をした際に体験した情報によるものです。

松本《まつもと》ぷりっつの夫婦《めおと》漫《まん》才《ざい》旅《たび》
ときどき3 姉《し》妹《まい》

2019年4月26日　初版発行

著者　松本《まつもと》ぷりっつ

発行者　川金正法

発行　株式会社 KADOKAWA
〒102-8177　東京都千代田区富士見 2-13-3
☎0570-002-301（ナビダイヤル）

印刷所　図書印刷株式会社

ISBN 978-4-04-065375-4 C0095

松本ぷりっつの既刊本！

悪あがき英会話

アラフォー夫婦の挑戦

「May I clean your room now?」
「ノ…ノーソージ…」

ハワイ旅行で現地人に話しかけられるもサラッと英語がでてこなかった…。そんなくやしい経験をのりこえるべく、ぷりっつさんとダンナさんがアラフォーにして一念発起！

「シャドーイングが効く!?」「何より伝えたいと思う心が肝心」英会話ビギナーが悪戦苦闘を経てけっこう話せるようになるまでを描く、爆笑英会話コミックエッセイ！

悪あがき英会話
アラフォー夫婦の挑戦
松本ぷりっつ
●定価 1000円（税抜）

松本ぷりっつの既刊本！

ぷりっつさんちのぶらりうまいもの散歩

おいしいものハンターが行く、
お笑いプチ旅コミックエッセイ！

超インドア派のぷりっつさんが、ダイエットと美味しい食べ物のために一念発起!?
旦那さんとの夫婦漫才なノリで、街歩きデビューです！　隅田川や新宿御苑など東京近辺のホットなおさんぽスポットから北海道（小樽）・横浜（中華街）・島根県（出雲・玉造温泉街）など日本各地へプチ旅気分で GO!　食い倒れの爆笑さんぽ、はじまりはじまり～♪

●定価1000円（税抜）

松本ぷりっつの既刊本！

ぷりっつさんちのぶらりうまいもの散歩 おかわり！

3姉妹やワンちゃんも参加♪
ますますにぎやかなまんぷく珍道中第２弾！

「今までの散歩でついた脂肪をこれからの散歩で落とすッ!!!」ダイエットを胸に誓ってさんぽを再開したぷりっつさん。しかし待ち受けるのはさらなる美味の誘惑だった…！ 吉祥寺・築地・上野から鎌倉まで一度は行きたい激アツスポットで「うまい」を求めてそぞろ歩き♪ 「3姉妹と行くまったり温泉旅」エピソードを大ボリュームで描き下ろし！

●定価1050円（税抜）

プチ公presents

コミックエッセイ劇場の歩き方

コミックエッセイ劇場 www.comic-essay.com

平日ほぼ毎日更新

ボクがつぶやいてるプチ!

twitter@comicessay

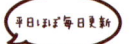

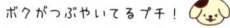